U0535151

松赞干布

张云 著

图书在版编目（CIP）数据

松赞干布 / 张云著. -- 北京：五洲传播出版社，2020.8
（人文西藏 / 陈庆英主编）
ISBN 978-7-5085-4469-4

Ⅰ.①松… Ⅱ.①张… Ⅲ.①松赞干布（617-650）—生平事迹 Ⅳ.① K827=421

中国版本图书馆 CIP 数据核字 (2020) 第 116600 号

撰　　稿：张　云
图片提供：张　云
出 版 人：荆孝敏
责任编辑：张美景
封面设计：李　璐
装帧设计：杨　平　蒲建霖

松赞干布

出版发行： 五洲传播出版社
地　　址： 北京市海淀区北三环中路 31 号生产力大楼 B 座 7 层
邮政编码： 100088
电　　话： 010-82005927（发行部）
网　　址： http://www.cicc.org.cn
　　　　　　http://www.thatsbooks.com
印　　刷： 中煤（北京）印务有限公司
开　　本： 787×1092 mm 1/16
字　　数： 101 千字
印　　张： 8
版　　次： 2020 年 8 月第 1 版第 1 次印刷
定　　价： 48.00 元

引言

雅鲁藏布江从喜马拉雅山脉与冈底斯山、念青唐古拉山脉之间的谷地穿过，它发源于喜马拉雅山北麓杰马央宗（rje-ma-g·yang-vdzoms）冰川，像一条银色的巨龙由西向东横贯西藏南部，绕过喜马拉雅山脉最东端的南迦巴瓦峰后摆尾向南，经巴昔卡流出中国国境。雅鲁藏布江在不同河段拥有不同的称谓：在拉孜（lha-rtse）以西河段称马泉河（rta-mchog-kha-vbab，或达确喀布）；到了曲水（chu-shul）一带地方称雅鲁藏布江；流至山南又接纳了雅隆曲（yar-klung-chu），称雅隆藏布（yar-klungs-gtsang-po）；统称雅鲁藏布江。进入印度阿萨姆邦后改称布拉马普特拉河（Brahmaputra）；进入孟加拉国以后称为贾木纳河（Jamuna），并与恒河（Ganga）交汇，最后注入孟加拉湾（Bay of Bengal）。

雅鲁藏布江是滋养藏民族生息繁衍的母亲河。上游流域是天然的动物乐园，藏羚羊、岩羊、野驴、牦牛、熊、狼、狐狸等多种动物栖息其间；下游流域是林木葱郁、物种多样的植物王国；中游流域则集中了雅鲁藏布江的几条主要支流，例如拉喀藏布、年楚河、拉萨河、尼洋河等，这些巨大的支流不但提供了充足的水量，而且冲积成宽广的平原，良田沃野，阡陌相连，形成西藏地区最主要的和最富庶的农业区，养育了西藏最广大的人口。今天的拉萨市、日喀则市、山南市和林芝市都位于雅鲁藏布江流域。山南更是西藏古文明的重要发祥地之一，也是松赞干布的祖先部落世代繁衍生息的摇篮。

目录

1 松赞干布的先祖世系及功业 / 1

    雅隆悉补野部的兴起与发展 / 1

    吐蕃初次统一青藏高原 / 7

2 松赞干布的少年时代 / 17

    充实的少年生活 / 17

    临危受命 / 19

3 定都拉萨与修建布达拉宫 / 25

    定都拉萨 / 25

    修建布达拉宫 / 28

4 统一青藏高原 / 31

    与噶尔·东赞宇松的盟誓及灭象雄 / 31

    开疆拓土 / 36

5 结亲四邻 / 47

    与泥婆罗王室结亲 / 47

    迎娶唐朝文成公主 / 52

    与高原各部首领联姻 / 68

6 建立各项制度 / 71

    确立职官体制与制度 / 72

建立行政区划　/　76

　　强化军事制度　/　80

　　建立法律制度　/　81

　　加强社会管理　/　84

　　推进经济制度建设　/　87

7　发展文化事业　/　93

　　创制统一文字　/　94

　　扶持佛教　/　99

　　借鉴外来文化　/　104

8　松赞干布的历史地位　/　107

1 松赞干布的先祖世系及功业

雅隆悉补野部的兴起与发展

在山南市乃东区的贡布日山腰,有一个高 25 米、宽 6.95 米的天然洞穴,传说是猕猴和罗刹女结合繁衍藏人的地方。山下的泽当 (rTses-thang) 即取意猴子玩耍的地方。西藏的第一块农田位于泽当的北面,相传是天神送给吃完野果依然无法果腹的猴子种植粮食的地方;而第一座宫殿则是泽当百姓为雅隆悉补野部第一位赞普聂赤赞普修建的雍布拉岗 (yum-bu-bla-sgang)。有这么多"第一"发生在这里,首先因为这里水丰田沃、植被茂密、宜农宜牧的自然环境,

雍布拉岗

同时也与对外密切交流、积极接纳借鉴外来文化相关，雅隆部落的第一位赞普就是一位外来者。

根据藏文史书《弟吴宗教源流》（一作《弟吴教法史》）记载，相传波沃（今西藏林芝波密）地方有一个妇女名叫姆姆尊（mo-mo-btsun），她生下饿鬼九兄弟，其中幼子太章（the-brang，饿鬼）玛聂俄毗罗（na-snya-au-be-ra）舌大覆面，指间有蹼相连，性格暴躁，能力超群，不见容于当地，被驱逐出境。当他历经艰辛来到雅隆地方，正遇上当地人为自己部落寻找领袖，问他是什么地方人，答称波沃人；问他有什么能力，答曰因能力超群而遭驱逐。众人叹奇，遂拥戴为王，并以肩膀为轿载之以归，故名聂赤赞普（gnyav-khri-btsan-po，肩舆王）。[1] 还有说法称，他历经诸多艰辛来到雅隆，从降多神山走下，被12名牧人（一说是苯教徒）看见，问其来自何方，因语言不通，他以手指山顶，众人以为他来自天宫，以为神，肩舆之归，拥戴为王。[2] 按照普巴桑杰加措历算的说法，聂赤赞普是木虎年（前127）来到雅隆的。晚期藏文教法史著作大多把聂赤赞普与印度释迦王子逃往大雪山关联起来，是佛教史家附会的产物，不足为据。

第一位赞普的故事到此并没有结束，而是随着后世赞普王权的不断加强而不断被重新塑造，并具有了"天神"的身份，被赋予了新的内容，《敦煌本吐蕃历史文书》的记载就是这方面的清晰反映。该书宣称聂赤赞普来自天上，是天神之子，作为泽被大地之人主，滋润土地之甘霖，降临人间。当他来到降多神山之时，须弥山俯首致敬，树木绿葱葱顶礼，泉水碧澄澄迎候，连磐石也如仙鹤般鞠躬行礼。他便是在如此受人膜拜的情景中，做了吐蕃地方六牦牛部的主宰。聂赤赞普为雅隆部落带来了新的礼仪，比如像仙鹤顿首一样

---

[1] 弟吴贤者：《弟吴宗教源流》（藏文本），拉萨：西藏人民出版社，1987，第226-227页；弟吴贤者：《弟吴宗教源流》，许德存译，拉萨：西藏人民出版社，2013，第106-107页。

[2] 弟吴贤者：《弟吴宗教源流》，许德存译，第106-107页。

的行礼习俗，用藤条来束起发辫的做法，让未受教化、无衣蔽体的"野人"穿上衣服，让男子汉大丈夫开始养成尊贵的姿态等。[3] 这一切文明进步自然离不开聂赤赞普时期雅隆部落经济社会的进一步发展。

雅隆部落百姓也十分爱戴自己的赞普，在扎西次日山上修建了第一座宫殿雍布拉岗供聂赤赞普居住。雍布拉岗依山而建，是一座碉楼式建筑，居高临下，易守难攻，具有良好的军事防御功能。从社会象征意义来理解，它同样体现了赞普高高在上的文化内涵，此外，还暗合了赞普来自天庭、出自天神家族的寓意。这种碉楼式宫堡建筑就地取材、因地制宜，成为西藏地区宫殿建筑的基本形式，备受推崇，蔚然成风。

这一时期雅隆部落尚保留母系氏族社会形态的一些特征，生子均随母姓。聂赤赞普娶南穆穆（gnam-mug-mug）为妻，生子穆赤赞普（mug-khri-btsan-po）；穆赤赞普娶妻萨丁丁（sa-ding-ding），生子丁赤赞普（ding–khri-btsan-po）；丁赤赞普娶妻索当当（so-thang-thang），生子索赤赞普（so-khri-btsan-po）；索赤赞普之子为德赤赞普（de-khri-btsan-po），德赤赞普之子为赤白赞普（khri-spe-btsan-po）。以上几位赞普都在王子刚学会骑马的时候死去（"沿天绳升入天界"），传说尸体犹如彩虹消失在天际，死后陵墓建于天空之中，[4] 这被一些研究者解读为古代雅隆部落存在子即位杀死父亲的习俗。在当时雅隆部落的视野中，树木中以松树的寿命最长，河流中以蓝色的雅隆河最大，山神以雅拉香波山神为最高，这也是他们生活范围和环境的真实写照。

止贡赞普（dri-gung-btsan-po）时期是雅隆部落的一个重要时期。他是在《敦煌本吐蕃历史文书》中第一个立有传记的赞普。根据该

---

[3] 《敦煌本吐蕃历史文书》（增订本），王尧、陈践译注，北京：民族出版社，1992，第173-174页。

[4] 《敦煌本吐蕃历史文书》（增订本），王尧、陈践译注，藏语部分，第69页；汉语部分，第174页。

传记描述，古时候取名字很重要，可以预示人生轨迹与命运。在给幼年的止贡赞普取名字时，家人请教了作为母系大家长的他的老祖母卓夏玛吉琳玛（gro-zha-skyi-brling-ma），老祖母问道："吉地（拉萨）的扎玛岩（skyi-brag-mar）坍塌了没有？当玛（dang-ma）地方的牦牛草场是否被火焚烧？丹木勒瓦（mtsho-dam-le-dbal）湖水是否干涸？"人们给老人的回答是："岩未坍，湖未干，草场也未被焚烧。"但是年纪高迈的老祖母，耳聋重听，误听为："岩已坍塌，草场被焚，湖水干涸。"有些伤感的老祖母便念念有词地说道："将短命夭亡，就取名止贡赞普吧。"这一误解在止贡赞普的心中留下难以抹去的阴影，也造成了他暴戾不羁的性格。他常常强令属下与自己比武，与父王的九部属民和母后的三支氏族皆成仇敌，引发众怒。最后他在与臣下罗昂木达孜（lo-ngam-rta-rdzi）的比武中被杀身亡，尸体被装进一个铜棺扔进雅鲁藏布江，顺流而下，漂流到工布（rkong-po，今西藏林芝地区）一带地方。他的两位王子夏岐（sha-khyi）和聂岐（nya-khyi）也被流放到工布。[5]

大臣阿勒吉（ngar-la-skye）历尽艰难在工布哲那（rkong-yul-bre-sna）找到聂岐和夏岐两位王子。王子们将赞普的尸体迎回，并在降多拉布（gyang-to-bla-vbubs）修建陵墓安葬，由此开始，赞普死后在人间修筑陵墓成为制度。弟弟聂岐做了工布噶布王（rkong-dkar-po），在今林芝地区安居，成为波密王的先祖。哥哥夏岐则誓为父王报仇雪恨，他率领 3300 名士兵返回秦瓦达孜堡寨（pying-ba-stag-rtse），进攻娘若香波（myang-ro-sham-po）并攻克了罗昂木达孜所据守的这一堡寨，重新掌握了部落大权，成为终生之主，更名布德贡杰（spu-de-gung-rgyal）。[6] 晚期藏文史书中还有止贡赞普有三个儿子的说法，但是依据更为可信的《敦煌本吐蕃历史文书》有关记载和第穆摩崖石刻记载，止贡赞普有两子的说法更贴近史实。

---

[5]《敦煌本吐蕃历史文书》（增订本），王尧、陈践译注，第 157 页。

[6] 同上书，第 157—158 页。

止贡赞普时期,值得提到的一件事是苯教从外部传入到雅隆部落。史料记载,其时,自天竺地方(rgya-gar-yul)和大食(stag-gzig)交界的古然瓦扎(gu-rna-wa-tra)地方,获得了外道阿夏苯教(va-zha-bon-po)的教徒,这些人翱翔于空,割树成条,列石为砾,并常以酒肉供奉鬼怪。止贡赞普将这些苯教徒奉为上师,加以礼敬。[7]后来,苯教一直在雅隆部落的政治生活中扮演重要角色,以谜语、谶语和箴言等发挥精神引导作用。

止贡赞普的儿子布德贡杰在打败罗昂木达孜之后,推倒其香波堡寨(sham-po-mkhar),并将其材料作为基石,在雅隆部落活动的核心地域(今琼结河畔)的秦瓦达孜山崖上修建了秦瓦达孜宫(phying-ba-stag-rtse,又译作青瓦达孜、琼瓦达则、钦瓦达泽)。该宫殿同样依山而建,居高临下,易守难攻,凸显重要的军事防御功能。他的继任者、名字中带有"列"(legs)的六位赞普时期,紧靠着秦瓦达孜又修建了五座宫堡,形成了一个庞大宫堡群,即"秦瓦六宫":达孜(stag-rtse)、桂孜(rgod-rtse)、杨孜(yang-rtse)、赤孜(khri-rtse)、孜莫琼杰(rtse-mo-khyung-rgyal)和赤则崩杜(khri-brtsigs-vbum-gdugs)等。[8]松赞干布的历代祖先长期居住在这里,积蓄并发展部落的势力。

这一时期雅隆部落经济、社会迅猛发展,也可谓人才辈出,涌现了被称为"吐蕃七贤臣"的第一人和第二人,也是父子贤臣的如莱杰(ru-las-skyes)和拉布果噶(lha-bu-mgo-dkar)。前者的卓著业绩是:烧木为炭;炼矿石为金银铜铁;制作犁和牛轭;开垦土地,引溪水灌溉;垦草原平滩为田地;在河上建造桥梁;通过耕种获得谷物的农业活动从此时开始。后者的突出贡献在于:以双牛一日

---

[7] 巴卧·祖拉陈瓦:《贤者喜宴——吐蕃史译注》,黄颢、周润年译注,北京:中央民族大学出版社,2010,第8页。

[8] 弟吴贤者:《弟吴宗教源流》(藏文本),第248页;弟吴贤者:《弟吴宗教源流》,许德存译,第118页;巴卧·祖拉陈瓦:《贤者喜宴——吐蕃史译注》,黄颢、周润年译注,第10-11页。

拉脱脱日年赞塑像

所耕土地面积作为计算土地面积单位；以"突"（thul）作为计算牲畜单位；引溪头流水为沟渠灌溉农田；此时开始在低处耕种水田。[9] 正是农业、冶炼业和各项科学技术的进步，为雅隆部落的发展提供了坚实的后盾。

在第28代赞普拉脱脱日年赞（lha-thotho-ri-gnyan-btsan）当政

---

[9] 巴卧•祖拉陈瓦：《贤者喜宴——吐蕃史译注》，黄颢、周润年译注，第10-11页。

时，在雍布拉岗王宫的宫顶上面，从空中降下来金塔和《百拜补证忏悔经》《佛说大乘庄严宝王经心要六字真言》《积达嘛呢法门》等经典，同时空中发出声音说："再传五代，将会知道这些经义。"拉脱脱日年赞以后的第五代赞普即松赞干布，以所谓预言的方式表示佛教将在吐蕃地区传播，而承担此项使命的人就是松赞干布。传说拉脱脱日年赞本人无法认识这些"天降"物品，只觉得它们极为珍贵，为之取名为"年波桑瓦"（gnyan-po-gsang-ba，即"玄密神物"），把它们放置在王宫殿堂，加以供奉，他因此在60岁高龄（或说80岁）时返老还童，白发转黑，面无皱纹，享年120岁。史学家奈巴（nel-pa）认为，所谓天降神物的说法是苯教徒依据苯教天神崇拜而伪造的。藏文史书《新红史》（deb-ther-dmar–povi-gsar-ma）作者索南查巴（bsod-nams–grags-pa）认为，事实上是来自天竺的班智达罗森错（blo-sems-vtsho）和译师李提思（li-thi-se）将这些神秘物品带到雅隆地方，由于吐蕃人没有文字，也不认识这些梵文经典，故作为神秘圣物加以供奉，班智达和译师看到在这里传播佛法的时机还不成熟，便返回天竺。[10] 离奇和神秘的传说隐含着雅隆地区吐蕃人与外部世界的文化交流在扩大和加深的史实。

吐蕃初次统一青藏高原

青藏高原地区除了活动在雅隆河谷的悉补野部落之外，在不同地区还存在大小不等、文明程度有别的不同部落邦国，它们之间相互有疏密不一的联系，同时也与当时中国的其他地区兄弟民族和政权，特别是中原王朝存在着一定的联系。

藏文史书提到西藏高原地区并列存在的部落邦国有"十二小邦""四十小邦"和"二十五小邦"等。小邦即藏文的 rgyal-phran。

---

[10] 班钦•索南查巴：《新红史》，黄颢译，拉萨：西藏人民出版社，1984，第17-18页。

根据敦煌古藏文文书《敦煌本吐蕃历史文书》（P. T. 1286 号"小邦邦伯家臣及赞普世系"）记载，在各个小邦境内，遍布一个个堡寨，任小邦之王与小邦家臣者其历史如下：

象雄达尔巴（Zhang-zhung-dar-pa）之王为李聂秀（Lig-snya-shur），家臣为"琼保·若桑杰"（Khyung-po-ra-sangs-rje）与"东罗木玛孜"（stong-lom-ma-tse）二氏。其地在今西藏阿里地区札达县境内，以琼隆银城（今札达县曲龙）为中心的地方。象雄，汉文作"羊同"，有大羊同、小羊同之分，在藏文史料中，还有所谓上象雄、中象雄、下象雄之分，主要部分包括今阿里地区、那曲地区、日喀则市西部地区、昌都市西部和青海省玉树地区等。

娘若切喀尔（Myang-rovi-pred-kar）之王为藏王兑噶尔（rTsang-rjevi-thod-kar），其家臣为"苏都"（Su-du）与"囊"（gNang）二氏，其地在娘曲河（即年楚河）流域，大约在今白朗县一带。

努布之林古（gNubs-gyi-gling-dgu）之王为努布王斯巴（GNubs-rjevi-Sris-pa），其家臣为"梅乌"（rMevu）与"卓"（Gro）二氏。藏文"努布之林古"意思是努布氏族的 9 个区域，大约在今日喀则市仁布县和浪卡子县一带。

娘若香波（Myang-rovi-sham-po）之地，以罗昂木齐仲察（Longam-byi-brom-cha）为王，其家臣为"帕米"（bab-myi）与"哲"（vBre）二氏，其范围也在娘曲河流域，今日喀则市江孜县一带。

吉若江恩（sKyi-rovi-ljang-sngon）之地以吉杰莽布（sKyi-rjevi-mang-po）为王，其家臣为"谢乌"（Shevu）与"布"（sPug）二氏。藏文"吉若"即吉曲河（拉萨河）地区，今拉萨市曲水县一带。

岩波查松（Ngas-povi-khra-sum，在澎波一带）之地，王为古止森波杰（dGug-grivi-zing-po-rje），其家臣为"噶尔"（mGar）与"年"（mNyan）二氏。其中心地区在今拉萨市林周县，范围包括拉萨城关区、达孜、当雄等县部分地区。

切莫四域（dBye-mo-yul-bzhi）之地以切杰喀尔巴（Dbye-rjevi-mkhar-pa）为王，其家臣为"卧"（dBo）与"杜"（rTug）二氏。其地不详，有观点认为藏文中的"切莫"属于牧区，还有待考证。

沃域邦噶之地（O-yul-gyi-spang-kar），以沃杰森章查（Ol-rjevi-zin-brang-tsha）为王，其家臣为"敖"（rNgo）与"韦"（dBavs）二氏，其地在今山南市桑日县东部沃卡（vol-kha）河谷地区。

埃域珠西（rNgegs-yul-kyi-gru-bzhi）之地，以埃杰拉章（rNgegs-rjevi-la-brang）为王，其家臣为"赛巴"（Sas-pa）与"娘奈"（Myang-nad）二氏。藏文"埃域珠西"有"埃域的四角"的意思，有观点认为该地区与彭域相连，为松赞干布的父亲囊日伦赞所征服，则该地似乎也在今西藏拉萨市林周县一带或相邻地区。

垄若雅松（Klum-rovi-ya-sum）之地，以南巴之布辛迪（Nam-pavi-bu-gseng-ti）为王，其家臣为"娘"（Myang）与"章"（sBrang）二氏，其地大约在今拉萨河上游流域林周县以上地区。

悉布域热莫贡（Sribs-yul-kyi-ral-mo-gong）之地，以章杰诺囊（Drang-rjevi-rnol-nam）为王，其家臣为"秀仓"（Zhug-tshams）与"翟"（dBrad）二氏。一种说法认为，其地在今林芝市工布江达县斯巴乡（srib-pa）一带。

工域哲那（rKong-la-bre-snar）之地，以工杰噶尔布（rkong-rjevi-dkar-po）为王，其家臣为"喀尔巴"（mKhar-pa）与"帕竹"（Pha-drug）二氏，其地在今林芝市巴宜区和米林县一带。

娘域达松（Myang-yul-gyi-rta-gsum）之地，以娘尊朗杰（Myang-tsun-slang-rgyal）为王，其家臣为"沃如"（O-ru）与"札"（sPrags）二氏，其地在今林芝市工布江达县娘蒲乡、江达乡一带。

达之珠西（Dags-kyi-gru-bzhi）之地，以达杰卓森（Dags-rgyal-gyi-sprog-zin）为王，其家臣为"颇古"（Pho-gu）与"波如"（Pog-rol）二氏。藏文"达"系指达布（Dags-po），在今山南市加查县一带。

琛域古域（mChims-yul-gyi-dguv-yul）之地，以琛杰奈乌（mChims-rjevi-nevu）为王，其家臣为"当当"（Dang-dang）与"丁丁"（Ding-ding）二氏，其地在今林芝市朗县、米林县卧绒乡一带。

苏毗之雅松（Sum-yul-gyi-ya-sum）之地，以末吉莽如迪（vBal-lji-rmang-ru-ti）为王，其家臣为"朗"（rLang）与"康"（Kam）二氏，其地大约在今藏北羌塘、青海玉树和昌都西部地区等。

卓莫南松（vBrog-mo-snam-gsum）之地，以色日赤（Se-re-khri）为王，其家臣为"江日那"（sKyang-re-gnag），其地大约在今南市浪卡子县羊卓雍湖一带。

十二小邦加上色日赤（Se-re-khri）共为十三，家臣二十有四，加上江日那（sKyang-re-gnag）共二十五家，堡寨十二，加上崇高中央牙帐共为十三。十二地域加上北方南木结（byang-ka-snam-brgyad），共为十三。所谓九大王加上敖氏（rNgo）共为十王，九大家臣加上琛氏（mChims）即为十大家臣。

在此之前，古昔各地小邦王子及其家臣应世而出，众人之主宰，掌一大地面之首领，王者威猛，相臣贤明，谋略深沉者相互剿灭，并入治下收为编氓，最终，以鹘提悉补野（vo-lde-spu-rgyal）之位势莫敌最为崇高。他以神力施天威而镇服，以睦善行王道而治服。[11]

这些小邦与雅隆悉补野同时并存，或在不同时期崛起，主要分布在今西藏自治区境内，它们的发展、交流和相互竞争为西藏高原地区早期的文明进步奠定了基础。

六世纪末七世纪初，除活动在今西藏山南的雅隆悉补野部落邦国之外，青藏高原上分布的主要部落包括：活动在拉萨河流域及今西藏林周境内的森波邦国（zing-po）；位于今西藏自治区西部和北部的羊同（象雄，zhang-zhung）；在羊同以东，今西藏自治区北部那曲地区、东部昌都地区到青海省南部玉树自治州一带的苏毗；在苏毗东部金沙江上游的多弥（又称南磨，Nam）；活动在今甘肃省、青海省南部和四川省西北部的党项羌、东女国等，在今四川省西部茂汶、雅安一带的东女国或西山八国；由鲜卑族联合西羌部落建立的活动在今青海省北部乃至新疆维吾尔自治区南部的吐谷浑（Va-zhavi-yul），等等。以上邦国都在雅隆部落的崛起中逐渐被纳入治下，成为吐蕃王朝的组成部分，逐渐被吸收和融合到吐蕃民族之中。

雅隆吐蕃的统一开始于松赞干布的祖父达日年塞（stag-ri-gnyan-gzigs，又称达布聂西，《新唐书》作"讵素若"）时代。雅隆

---

[11]《敦煌本吐蕃历史文书》（增订本），王尧、陈践译注，第173-174页。

森波故地——林周

部落与青藏高原地区其他邦国的文化交流显著增强。达日年塞出生之时即双目失明,其父仲年德如(vbro-gnyen-kde-ru)留下一段颇具哲理的遗言:"好心就像黄金一样贵重,好的建议就像甘露一样甜美,要设法买来;坏人像火一样,要坚决抛弃,要懂得人世法规,去除疑忌。你要供奉年波桑瓦(gnyan-po-gsang-ba),请吐谷浑的医生来医治眼睛。"他听从父命,从吐谷浑地方请来一位医生为自己治病。这位医生医术高明,在雍布拉岗手到病除。王子睁开双眼看顶端吉秀的虎山(stag,达木山)上有成群的盘羊,因此,人们称他为达日年塞(stag-ri-gnyan-gzigs)或达布聂西(stag-bu-snya-gzigs)。[12]

达日年塞时期,雅隆部落的经济又有了进一步的发展,被称为"吐蕃七贤臣"的第三位贤臣便出现在此时,即赤多纳尊蒙(khri-dor-snag-btsun-mong)之子赤多日朗察(khri-dor-ri-snag-tshab),他

---

[12] 达仓宗巴·班觉桑布:《汉藏史集》,陈庆英译,拉萨:西藏人民出版社,1986,第86页。

的主要功绩是发明了升、斗和秤等衡量工具及制定相应制度，用以计算谷物和酥油的重量。此外，这一时期还出现了按照双方意愿进行交易的商业。[13] 这也表明，这个时期雅隆地区的商业经济和贸易有了长足的进步，衡量器的产生适应和满足了这种社会现实需要。经济的发展与社会的进步又为雅隆部落担负统一西藏地区的使命提供了强有力的后盾。

在统一了雅鲁藏布江南岸地区之后，达日年塞开始向江北地区拓展。而拉萨河流域的两个王国就成为主要目标：控制岩波查松的森波杰达甲吾（zing-po-rje-stag-skya）和控制吉若江恩的森波杰赤邦松（zing-po-rje-khri-pangs-sum），这里有良田沃土，占据重要战略位置，对吐蕃未来的崛起关系重大。天遂人意，该二邦正在遭受内部倾轧的磨难，这给达日年塞提供了难得的历史机遇。

森波杰达甲吾对任何事都偏听轻信，颠倒为之，以罪恶为善，以善为罪恶；对明睿忠诚、善持政事、沉稳端方之士，不听不纳；对奸狡之辈、诣媚甘夸浮艳之词则分外听从。明睿忠贞耿介、英勇热忱之士，每受敌视，均远离左右，且被处以不当之刑罚，既惨且烈。此人丧失了民心。旧臣年吉松那布(mnyan-vdzi-zung-nag-po)在对其劝谏无果的情况下，投降归顺了森波杰赤邦松，最后还亲自诛杀了达甲吾，该邦遂亡。

遇到达甲吾属下来投并将其主灭亡这样难得的大好机遇，森波杰赤邦松却没有把握住良机，也没有在悉补野政权谋划吞并江北之际感受到压力，重蹈了森波杰达甲吾的覆辙。他傲慢地对待部属，不公正地处理内部纠纷，引起属下娘·曾古、韦·旁多热义策等人的强烈不满。他们结成盟友，决定共同行动，反抗赤邦松，暗中潜入青瓦堡寨，与达日年塞赞普密谋投奔悉补野部落。

为了做好双方盟誓、成就大业的保密工作，这些贵族费尽了心思。原先由蔡邦·纳森担任联系达日年塞赞普的信使，后来则由其

---

[13] 巴卧·祖拉陈瓦：《贤者喜宴——吐蕃史译注》，黄颢、周润年译注，第14页。

奴仆蔡邦·吉姆当莽布担负此职。吉姆担心深夜熟睡时梦中呓语泄露机密,便与妻子分居,自己栖身于山林之中,且每晚必更换住处。他对其妻诡称:"我被一个极为怪异之恶鬼所祟,你要给我严守秘密!"后来,不知什么原因,他与妻子发生口角争斗,其妻大声喊叫:"你诡计多端,何曾为恶鬼所魅,纯粹是你耍弄奸计而已!"经历此次风波,当莽布感到泄密的危机。于是,晚上他趁假意与妻子共枕缠绵之机,咬断其舌尖,使其疼痛而死。很不幸,吉姆当莽布本人在尚未引兵攻打森波杰赤邦松时,亦为病魔所缠,最后绝嗣而亡。[14] 雅隆吐蕃的崛起既包括赞普本人的英明睿智,也包括他臣下的忠心耿耿与尽职尽责,甚至舍生取义。

达日年塞时期,军事扩张也取得了初步的成就,史书称,当时三分之二的小邦均被纳入(吐蕃)统治之下。本巴王(ban-pa-rje)、吐谷浑王(va-zha-rje)、昌格王(drang-gar-rje,即象雄王,zhang-zhung-rje)等均被征服。娘(nyang)、韦(sbas)、农(gnon)等氏族也被纳为属民。[15]但是,就在灭亡赤邦松的计划进行得如火如荼之际,达日年塞不幸去世,统一的使命便落在了他的儿子囊日伦赞的肩上。

囊日伦赞(gnam-ri-blon-btsan,伦赞弄囊,slon-btsan-rlon-nam,囊日伦赞,gnam-ri-srong-btsan,或作赤伦赞,khri-blon-btsan),《新唐书》译作"伦赞索"。根据汉文史书《通典》记载,"隋开皇中,其主论赞率弄赞都牂牁西匹播城已五十年矣。"匹播城,疑即藏文phing-ba(秦瓦)的音译。

赞普囊日伦赞在雅隆东北方的钵巴金宫驻锡期间,主持修建了强宁敏久宫(pho-brang-byangs-snoms-mi-vgyur)。宫殿竣工后,他迎娶蔡邦萨·智莫托噶尔(tshe-srpong-bzav-vbri-mo-thod-dkar)为后,生子松赞干布。他在位时的宫堡名赤孜邦杜(khri-brtsigs-vbum-gdugs),是用红牛之乳汁和泥修建而成的。

---

[14] 《敦煌藏文吐蕃史文献译注》,黄布凡、马德译注,兰州:甘肃教育出版社,2000,第177-179页。

[15] 巴卧·祖拉陈瓦:《贤者喜宴——吐蕃史译注》,黄颢、周润年译注,第14页。

在松赞干布的父亲囊日伦赞时期，雅隆部落的经济再度迈上一个更高的台阶。囊日伦赞最先在蔡邦山（tshe-spong-gi-ri）发现金矿，在格日山（ge-ri）发现银矿，在昌布岭（vphreng-povi-rdza）发现铜矿，在热噶山（ra-gavi-ri-brag）发现铁矿。金属矿藏的发现和冶炼技术的提高对农牧民生产生活质量的提高、兵器制造的进步意义巨大。

此时在驯养家畜和发展牧业方面也有较大发展。据说，是囊日伦赞最早把野牛驯养成牦牛，把马鹿驯养成黄牛，把野羊驯养成绵羊，把麝獐驯养成山羊。[16]

食盐也在此时被发现和利用。赞普手下的一位勇士杀了一头野牛，肉从马鞍上掉到地下，粘附了盐，他遂尝到了咸肉的美味。雅隆人由此开始食用食盐，并逐渐采运北方食盐。

这一时期从汉地（rgya-nag）传入历算六十甲子、医疗以及讲论饮食利益和危害的保养方法，由印度传入十二缘起支和六日轮转等，这是吐蕃最初的医药和历算。当时吐蕃没有文字，也没有会翻译的人，所以除了师徒口头传授之外，这些知识没有得到广泛传播。[17]

在政治生活中，随着赞普权力的增强，原来的民主议事制度逐渐削弱，相应地出现了神化赞普及其王室的情况。从敦煌古藏文文献记载来看，囊日伦赞成为第一位得到臣民拥戴、获得尊号的赞普。盟誓制度是雅隆悉补野王室在扩大自身势力、增强同盟力量、展开吞并战争中所采取的一项传统措施，主要强调臣下要忠诚于悉补野王室，服从赞普安排。赞普在许给功臣特权的盟誓仪式上，赏给特殊的信物圆形玉石。囊日伦赞之前雅隆吐蕃已有尚论（zhang-blon）、岸本（mngan）等职官，在他执政时期，又分设内相（nang-blon）、外相（nang-blon-dang-phi-blon），各司其职。另外，告身制度也开始出现，赞普曾经赏给娘·尚囊小银字告身。四方形陵墓的制度也开始流行。

---

[16] ［印度］阿底峡尊者发掘：《西藏的观世音》（一作《柱间史——松赞干布的遗训》），卢亚军译注，兰州：甘肃人民出版社，2001，第134页。

[17] 达仓宗巴·班觉桑布：《汉藏史集》，陈庆英译，第87页。

吐蕃社会的奴隶制度进一步加强。囊日伦赞兄弟的军事活动主要依赖娘、韦、蔡邦、农等大贵族的支持和鼎力相助。为了稳固联盟基础，奖励大贵族，囊日伦赞采取了一项重大决策，即将众多土地和奴隶封赐给有军功的大贵族，赏赐娘·曾古者为年·吉松之堡寨欧瓦（sngur-ba）及其奴隶一千五百户。赏赐韦·义策者为线氏撒格（za-gad-gshen）之土地及墨竹（mal-tro）地方奴隶一千五百户。赏赐农·准保者及其长兄农氏奴隶一千五百户。赏赐蔡邦·纳森者为温（von）地方孟氏堡寨（smon-mkhar）、奴隶三百户。[18]通过结盟以及土地和奴隶的封授，在雅隆悉补野吐蕃逐渐形成了一个利益共同的奴隶主集团，他们互相联姻、互相支持，分享权力和财富，维护自身利益。

吐蕃的奴隶主贵族集团随着军事扩张活动而不断壮大，特别是几大贵族的成员相继加入进来，极大地支持了雅隆悉补野的统一大业，同时维护了其家族的权益。娘氏、韦氏、农氏和蔡邦氏四大家族被认为是最为忠诚的家族，获得赏赐的奴户和土地也最多，还担任了赞普的大论大相。英明的策略和良好的发展措施，让相邻邦国大臣贵族纷纷背主归附，著名大臣琼保·邦色苏孜就是代表。他割下藏蕃（rtsang）小王马尔门（mar-mun）的首级，以藏蕃两万户来献，该地区自然纳入赞普的管辖之下。赞普觉得琼保·邦色苏孜忠顺可靠，又转而将藏蕃二万户悉数赏赐给他。[19]因此，在囊日伦赞的周围汇聚了许多优秀人才，他也接纳了许多英雄豪杰，这就为统一西藏高原创造了极为有利的条件。

囊日伦赞的统一战争首先从吞并森波杰赤邦松开始。破域那（yu-sna）堡寨，征服森波杰，占领域那地区，将吐蕃的势力范围伸展到拉萨河北岸地区，是雅隆悉补野扩张中的重要一步。当时赞普让弟弟伦果尔（slon-kol）与母后东宗（stong-tsung）二人镇守本土，自己亲率精兵万人，启程远征。娘·曾古与农·准保二人在达巴夏茹（stag-pa-sharu）山内侧设哨瞭望，以充耳目。韦·义策、蔡

---

[18] 《敦煌本吐蕃历史文书》（增订本），王尧、陈践译注，第162页。

[19] 同上。

邦·纳森二人充赞普进军之向导，遇大河于渡口涉渡，仔细查明行军道路。囊日松赞遂攻破域那堡寨，灭顽敌魁森波杰，芒波杰孙布（mang-po-rje-sum-bu）逃遁突厥（gru-gu-yul）。由此，上起帕之勇瓦那（pha-gi-yung-ba-sna）以下，直至工布哲那（rkong-bri-sna）以上，均为赞普统领之辖土。赞普发布命令，改岩波（ngas-po）之地名为彭域（vphan-yul），也就是今拉萨林周县一带地方。岩波地方的庶民和贵族韦·义策等人上奏尊号，曰：政比天高，盔（权势）比山坚，可号南囊日伦赞（天山赞普）。[20]

在征讨达布地方叛乱时，赞普与大论们商量派谁带兵前往合适，有一位名叫僧格米钦（seng-go-myi-chen）的将领自告奋勇，声称自己愿意受命出征。当大臣琼保·邦色苏孜质疑其乃无名之辈，凭什么堪当如此大任时，他用了"锋芒在皮囊尚未外露"自我比喻，最后顺利完成任务，擒达布王，收服达布全境。有研究者认为，这个故事来自司马迁《史记》中毛遂自荐的典故，说明《敦煌本吐蕃历史文书》的撰写借鉴了内地汉文修史的传统，包括写作体例和叙述手法。

囊日伦赞时期，雅隆悉补野部的控辖领域范围包括门噶（mon-ka，蒙喀）、藏博（gtsang-bod）、洛埃（lho-rngegs）、冈底斯山（ti-se）、香波山（sham-po）、玛旁雍错湖（ma-pang）、彭域（vphan-yul）、秦瓦达孜（pying-ba-stag-rtse）等。这些地区地跨雅鲁藏布江流域，西自冈底斯山、玛旁雍错湖，东至林芝地区，南至门域（mon），北至拉萨河谷地区。吐蕃本部地区的统一大业由此奠定。

在迅猛发展的过程中，悉补野吐蕃内部的诸多矛盾也在不断加剧，既有因长期战争引起的民众不满，也有统治集团内部各大贵族之间的相互倾轧与争斗。在上层贵族集团内部，密谋反叛或相互告发的事件时有发生。首先发生了孟氏温布（mong-sngon-po）被琼保·邦色苏孜告发的政治事件。接着，大臣娘·尚囊因为琼保·邦色苏孜的诬陷而被赞普诛杀，上层内部潜伏的危机随时会被引爆。

---

[20]《敦煌本吐蕃历史文书》（增订本），王尧、陈践译注，第161-162页。

2 松赞干布的少年时代

充实的少年生活

松赞干布（srong-btsan-sgam-po），本名松赞（Srong-rtsan），又作赤松赞（Khri-srong-rtsan），尊号松赞干布。唐代汉文史籍译其本名为"弄赞"，译赤松赞为"弃宗弄赞"或"弃苏农"。松赞的父亲是雅隆吐蕃的赞普囊日伦赞，母亲蔡邦氏智莫托噶尔（Tshes-pong-za-vbring-ma-thog-dgos）也出自吐蕃贵族家庭。蔡邦氏（tshes-pong）是松赞干布祖父达日年塞和父亲囊日伦赞时期的新贵，在雅隆悉补野部落早期统一西藏高原地区的过程中立下汗马功劳。蔡邦·纳森（tshes-pong-nag-seng）曾经加入达日年塞的同盟，相互盟誓，结为知己。他还是与囊日伦赞和伦果尔兄弟盟誓的六贵族之一，其弟蔡邦·那古（tshes-pong-na-gu）也参与盟誓，辅助悉补野王室。赞普论功行赏中，蔡邦·纳森获得温（von）地方孟（smon）堡寨、奴隶三百户。松赞的父族、母族相互依托，在联姻基础上形成的政治联盟成为雅隆悉补野迅速崛起过程中的一根支柱。松赞（松赞干布）还有一个弟弟叫赞松（btsan-srong），两兄弟一起成长，既给童年增加了诸多乐趣，也相应平添一份竞争的动力和压力。

松赞和赞松的童年时代应该是富足和充实的。松赞生于617年，处于雅隆吐蕃邦国经济社会快速发展时期，对外的文化交往欣欣向荣、一派生机，作为王子的他们最先体会并享受到这些发展成果。在骑马、射箭这些男子基本技能方面，松赞和赞松兄弟能接受最好的教育；祖先的世系和父辈的口述历史，都是必须掌握的知识；诗歌、谚语、猜谜和良好的语言表达能力，是从小应该接受的必修课程。远大的抱负和责任担当，在日常的教育和熏陶中逐渐养成。

囊日伦赞为了完成统一大业始终需要南北征讨的战争，需要与臣下协商会盟，需要运筹帷幄、斗智斗勇，这在耳濡目染中影响着年尚冲幼的王子兄弟，让他们较早地接受复杂环境的考验，并增强应对复杂情况与艰难困境的能力。长期的征战和应对各种激烈挑战，使囊日伦赞可能没有多少时间和精力与王子们朝夕相处，倾注更多温情父爱，却也由此培养了他们坚韧的毅力和独立的精神。

当时的雅隆吐蕃人还没有文字，只是通过刻画、结绳、齿木为约。赞普保持着高原游牧领袖好客豪爽的天性，每次大宴宾客都要驱赶牦牛，让客人自己射杀，然后再煮熟共同享用，一则寓宴会于狩猎之乐当中，一则也表示以诚相待，没有下毒或者其他欺诈等行为。盟誓活动那个年代经常举行，赞普要依靠这一方式巩固自己的同盟，并约束君臣关系。赞普与臣下一年一小盟，要杀羊、狗和猴子为牲立誓献祭。三年举行一次大的盟誓，要以人、马、牛、驴为牲，场面惨烈血腥，并让巫师禀告于天地日月山川星辰之神："若心迁变，怀奸反覆，神明鉴之，同于羊狗。"[21]也就是说，毁约者将会遭遇折足裂肠的下场。两位年幼的小王子自然也不会缺席这种盛宴，享受欢聚之乐，同时也会接受礼仪、惨烈盟誓的现场教育，培养尚武和守信精神。

雅隆吐蕃还有一种君臣共命人习俗。以囊日伦赞为例，他按照自己年少时的经历，在自己儿子的少年时代，他就从贵族子弟中选择一些年龄相仿、大约都是十多岁的优秀少年，在长期的生活与各种考验中培养对王子的牢固友谊和忠贞思想，在王子继承赞普之位后，能够为他们赴汤蹈火、舍生取义。此举既有人陪伴赞普幼年的成长过程，又为赞普培养了一支可以信赖的心腹骨干力量，作为继位后的辅佐之臣。共命人不过五六人。在赞普去世的那一天，他们会日夜纵酒。赞普下葬之日，他们用针刺脚下出血，流尽而死，殉葬赞普，所谓生死相随。[22]

---

[21]《旧唐书》卷一九六上《吐蕃上》；《新唐书》卷二一六上《吐蕃上》。

[22]《通典》卷一九〇《边防六·吐蕃》。

从相关资料看，松赞的童年和幼年在良好而充实的环境下成长，有一般人所不具备的丰富、复杂的经历和感受，也练就了超出一般人的坚韧与刚强品格。

临危受命

囊日伦赞的统一事业可以说势如破竹、风风火火。他的成功秘诀之一就是适当约束盘根错节、势力早已坐大的父系六族、母系三族这些妨碍扩大王权的保守势力，逐渐启用一些新归附的贵族和出身卑微的小贵族。琼保·邦色苏孜以广阔的藏博地方来归，被授权管辖这些地区。僧格米钦以无名之辈请缨率兵征讨达布，获胜后得到赞普的赏识重用。这些鲜明的例证和清晰的导向极大地调动了雅隆邦国内部的积极性，形成归心赞普、勇立战功的良好社会氛围，有力推动了赞普开疆拓土的宏大事业。

囊日伦赞的措施赢得新归附贵族和新兴的军功贵族的支持，却遭到了势力强大的旧贵族的激烈反对。反对势力恰恰都是与赞普血缘关系紧密且大权在握的关键人物，他们不满意囊日伦赞对战利品即土地和奴隶的分配方式，在抵制政策无果的情况下，采取了铤而走险的方式，即下毒暗杀赞普。藏文史料中的一种说法称，"王子（松赞，即松赞干布）四岁那年，父王囊日伦赞在北方筑行宫而居。有一天，囊日伦赞带着侍从出行，当行至强达木巴（byang-vdam-pa）北山后歇息时，侍从琼布巴达布迪（khyung-po-spa-ta-spu-ti）与琼布仁布（khyung-po-ring-po）宰了一头牦牛，煮了锅肉，赞普吃了牦牛肉后即刻中毒身亡。他的御马姜希玛恰骏（cang-shes-rma-bya-kyungs）也被活埋了。"[23] "强达木巴"大约是指北方的达木（vdam），也就是今天的西藏当雄地方。

但是，藏文史书《贤者喜宴》的作者巴卧·祖拉陈瓦不赞同这

---

[23] ［印度］阿底峡尊者发掘：《西藏的观世音》，卢亚军译注，第97页。

种说法，他引用《遗训》（zhal-gdams-kyi-bskor）的记载："由父王囊日伦赞提出，乃献出王权。"因而认为是在松赞干布13岁时，父亲交出王权。[24] 根据《敦煌本吐蕃历史文书》（P. T. 1287号"赞普传记"）记载，囊日伦赞遇害而亡，松赞干布得以继位更为可信。[25]

囊日伦赞被毒死后，按照雅隆吐蕃父死子继的传统，作为长子的松赞就被推举为赞普，这一年松赞只有13岁。作为生活在赞普家庭，较早接受过特殊的教育，并不断面临各种严峻考验的贵族少年，松赞远比同龄人成熟，但是对外扩张正酣，内部争斗日烈，要驾驭好雅隆吐蕃这驾马车，即使是成年的王子都将面临巨大的挑战，更遑论一个青葱少年？

敦煌古藏文文献对此有一段十分珍贵的描述："松赞干布赞普之时，父系臣民生怨，母系臣民叛乱，姻戚象雄、犏牛产地孙波（苏毗）、聂尼、达布、工布、娘布等也全部叛离。父王囊日伦赞被进毒遭害。"松赞继承赞普大位之后叛乱发生，父亲被毒死，还是父亲被毒死之后，松赞继承王位，发生了叛乱？藏文史书记载中有其含糊的地方。合理的解释应该是囊日伦赞被毒死后，松赞继承了大位。用众叛亲离来描述新即位的松赞所面对的险恶形势是十分恰当的，父系六族和母系三支长期以来是雅隆吐蕃邦国的根本，达布发生过叛乱被镇压了，工布是与赞普王室有血缘联系的邦国，娘布则是历史上通过激烈的战争被赞普先祖征服过的邦国，与雅隆吐蕃有着剪不断的恩义情仇，而新近与雅隆吐蕃联姻的象雄（羊同），掌控着西藏北部广大牧区的苏毗邦国，则可以与雅隆吐蕃鼎足而立，他们的集体反叛对正处在上升阶段的雅隆吐蕃岂止是迎头一击，简直是灭顶之灾。

年少的松赞赞普及其辅助者没有被这凶猛的形势所吓倒，也没

---

[24] 巴卧·祖拉陈瓦：《贤者喜宴——吐蕃史译注》，黄颢、周润年译注，第26页。

[25] 《敦煌本吐蕃历史文书》（增订本），王尧、陈践译注，第165页。

有畏惧和退缩，而是知难而上，以过人的勇气和胆识化险为夷、转危为安。王子松赞长成青年，他先斩尽杀绝阴谋者和投毒者，接着出兵征服了全部反叛者，重新将他们纳入版籍、役作属民。随后，他让娘·芒波杰尚囊前往孙波，不用带兵，而是依靠三寸不烂之舌，说服其一户都不遗漏地全部成为赞普的属民。赞普还亲自带兵北上讨伐，形成威慑，吐谷浑立即派来交纳贡品的使者，部分属民被纳入吐蕃治下。[26]松赞以沉着勇敢面对危局，以高超的智慧处理不同问题，扭转了局势，也赢得了臣下尊重，树立了权威。

外部的危机得以化解之后，吐蕃内部的问题又突显出来。松赞执政之初，处理了几起较大的内政事件，包括与大贵族举行结盟活动，特别是处理大臣谋逆事件。比如赞普与大臣韦·义策结盟，琼保·邦色苏孜因谋反而被处死事件，娘·尚囊遭陷害被杀，以及噶尔·东赞宇松因揭发琼保·邦色苏孜而立功等。

当时，退职贵族韦·帮多日义策（dbavs-phangs-to-ri-dbyi-tshab）赋闲在家多年，获知松赞干布将从年噶尔（nyen-kar）前来吉曲（拉萨）河谷，便通过大臣琛·聂多日祖伦（prin-snya-do-re-gtsug-blon）转禀赞普：从前，韦氏家族坚定支持悉补野，反对森波杰（zin-po-rje），为吐蕃开疆拓土和建立政权大业立下大功。后来亲眼看到娘氏因不能履行职责而获罪遭诛，他觉得自己家族对赞普王室既不离心离德，也无任何过失，但因年老力衰，不能服务王室，有所作为，对其家族未来命运颇为担心，想在其有生之年与赞普再次盟誓，获赐一物，以保护其家族不受伤害，遂请松赞干布光临其父囊日伦赞当年驾临韦氏封地时安歇的地方——拉姆恰巴仲木（la-mo-chag-pa-prum）。当时，松赞正对娘氏、属庐·多热木氏进行查处，便答应了韦·义策的请求，并下诏书表示，"有恩泽于我者，绝不使之灰心丧气！骑神骏者，绝不会使之打背磨伤！"他表示：父王在位时，琛·多日邦赞和你邦多日义策等转战大河南北，建立卓著功勋，我

---

[26]《敦煌本吐蕃历史文书》（增订本），王尧、陈践译注，第165页。

早就打算任命你们担任大相。但是，琛·多日邦赞已经亡故，你也年事高迈。所以，任命娘·芒波杰尚囊为大相。及先王驾崩，娘氏怀有二心，遂遭惩罚。你们韦氏一族父兄子侄均忠心不二，可以立誓定盟。"[27]

得到赞普的允诺，韦氏立即在拉姆恰巴仲木准备青稞酒、食物，并向赞普献上十套犀皮铠甲和两把带鞘长剑。松赞与大臣韦·义策父兄子侄七人参与盟誓，赞普誓词云："义策忠贞不二，你死后，我为尔营葬，杀马百匹以为行粮，子孙后代无论何人，均赐以金字告身，不会断绝！"然后，赞普吟诗高歌表明，韦氏家族只要忠心捍卫王室就会受到保护，如若背弃赞普即会遭到惩罚。韦·义策亦唱歌和之，表示神灵可以作证，韦氏家族始终听命赞普，服从王室。韦氏七人举行了隆重的酬神谢天仪式，接着赞普将一块立誓时握在手中的圆形玉石赐给韦氏，作为韦·义策营建坟墓的基石。

在参与盟誓的人员中，赞普王室方面，除了赞普松赞干布之外，还有大臣麴·墀多热娘松（khu-khri-do-re-smyang-zum）、努·聂多日祖伦（gnubs-snya-do-re-gtsug-blon）、岩·甲忱兰顿（rngegs-rgyal-vbring-lan-ton）、蔡邦·墀赞孔道（tses-pong-khri-btsan-khong-sto）、俄玛岱·墀桑洛赞（vo-ma-lde-khri-bzang-lod-btsan）、麴·墀孟多日旁策（khu-smon-to-re-phangs-tsab）等七人参加。在平息各种叛乱之后，赞普重新通过盟誓的方式把大贵族们团结和笼络在自己身边。[28]

琼保·邦色苏孜（khyung-po-spung-sad）在囊日伦赞时期曾携藏蕃小王马尔门人头及藏蕃两万民户归附，并参与了剪灭森波杰墀邦松的计划，松赞时期被任命为大相。他日久心生悖逆，首先离间赞普松赞和大相娘·尚囊之间的关系，导致尚囊生疑，违抗赞普命令，落得个城堡被摧毁、自己及家人被诛杀的悲惨命运。晚年的琼

---

[27] 《敦煌本吐蕃历史文书》（增订本），王尧、陈践译注，第163-164页；《敦煌藏文吐蕃史文献译注》，黄布凡、马德译注，第219页。

[28] 《敦煌本吐蕃历史文书》（增订本），王尧、陈践译注，第164-165页；《敦煌藏文吐蕃史文献译注》，黄布凡、马德译注，第219-221页。

雍布拉岗的松赞干布塑像

松赞干布的少年时代

保·邦色苏孜以自己曾将藏蕃地方收归悉补野辖下，嫌赞普并未曾光临其封地，特启请新即位的年轻赞普前往他居住的赤邦松地方访问。松赞痛快地答应了他的邀请，并令大臣噶尔·东赞宇松先行安设牙帐行宫。噶尔·东赞宇松仔细观察发现，琼保·邦色苏孜阴谋暗害赞普，便迅速返回，并向赞普禀报。琼保·邦色苏孜得知阴谋败露，便自刎身亡。临终前，他嘱咐其子昂日琼（ngag-re-khung）带上自己的人头去见赞普，请其宽恕。昂日琼觐见赞普陈述，父亲心生二志，自己正想将这起阴谋告发，并在噶尔·东赞宇松发现之际，自己将老父杀死，割下头颅来见，请赞普不要伤害其整个家族。松赞答应了昂日琼的请求，没有株连他的家族。[29]

---

[29]《敦煌本吐蕃历史文书》（增订本），王尧、陈践译注，第165-166页；《敦煌藏文吐蕃史文献译注》，黄布凡、马德译注，第209-210页。

3 定都拉萨与修建布达拉宫

定都拉萨

拉萨是一座古老的历史文化名城。拉萨北郊娘热山沟的曲贡文化遗址的考古发掘证明，早在距今4000多年前，拉萨周围已经有人类居住，而居住在这里的曲贡先民业已过着以农耕为主、畜牧为辅的经济生活。拉萨河古称"吉曲（skyid-chu）"，拉萨地方古称"吉雪沃塘（(Skyid-Shod-Vo-Thang）"，意思是吉曲河下游肥沃坝子。在松赞干布定都之前，活动在拉萨地区的是森波部落，其王有达甲吾和赤邦松，各据一方。七世纪初，雅隆部落首领囊日伦赞率兵北上，渡过雅鲁藏布江，在赤邦松王族属部娘氏、韦氏、农氏及蔡邦氏等家族的策应下，占领赤邦松领地，占据位于拉萨河上游澎波河流域的今西藏拉萨市林周县（澎域）一带，基本掌控逻些地区，一举成为整个吉曲（拉萨）河流域的主宰。

松赞在平息叛乱、控制局势的同时，也在谋划着关系吐蕃长远发展命运的举措，其中之一便是定都逻些（今拉萨市）。松赞平息各部叛乱之后，确定将吐蕃的政治中心从世代相传的祖居地雅隆河谷的秦瓦达孜迁移到新的首府拉萨。

拉萨位于拉萨河谷平原，而拉萨河发源于念青唐古拉山南麓嘉黎里彭措拉孔马沟，流经今西藏那曲、当雄、林周、墨竹工卡（mal-gro-gung-dkar）、达孜、城关区、堆龙德庆，至曲水县，是雅鲁藏布江中游一条较大的支流。沿河两岸是河谷冲积平原，宽度达1—10公里，耕地面积约57万亩，这里气候温和，地势平坦，土质较厚，水源充沛，至今仍是西藏粮食主要产区之一。拉萨市地势北高南低，由东向西倾斜，中南部为雅鲁藏布江支流拉萨河中游河谷平原，地势平坦，自然地理资源条件好，是吐蕃王朝建立都城的理想之地。

拉萨四面环山，万岭回环，宛如城郭，一水中流，形成天然屏障，地势险要，进可攻，退可守，具备古代都城自我保护并防守外敌侵入的基本条件；拉萨河谷比较宽广，宜农宜牧，具备满足都城经济发展需要，提供充分物质保障的外在环境。拉萨位居西藏中部要地，是东西往来、南北交通的要关，可以作为向四方扩张的基地，加上红山卧塘（vo-thang）湖优美的景色，这些都对松赞干布作出以拉萨为都城的决定产生了积极影响。

晚期的藏文史书往往会用佛教化的观点和思维来解读历史，松赞定都拉萨的历史同样被修改得面目全非，但也增添了一种文化色彩。例如，萨迦·索南坚赞的《王统世系明鉴》（一作《西藏王统记》）就认为："松赞干布心想，我要利益雪域藏土的众生，应当到什么地方修行呢？我的祖先拉脱脱日宁协王（即拉脱脱日年赞，lha-tho-tho-ri-snyan-shal）是普贤菩萨化身，他曾经居住拉萨红山（lha-savi-mar-po-ri）的顶上。我也应该到这位先祖曾经到过的地方，在那个吉祥喜庆的地方，做利益众生的事业。于是他当晚住在亚伦扎多园（yar-bsnon-sbra-stod-tshal）中。次日清晨，携带口粮上路，走到亚尔昌（yar-vphrang）的六字真言那里，卸下驮子，让驮牛到操场去吃草，就在那里休息。松赞干布到水里去洗澡，水中出现了各种颜色的光芒，明光闪烁。大臣那钦波（blon-po-sna-chen-po）看见这情景问道：'赞普在干什么？水里出现这样的光芒，实在是稀罕的事。'松赞干布回答说：'舅氏大论（zhang-blon-chen-po）请听……这六字真言将来在岩石显现，将会利益众生有情。'……松赞干布离开该地，到拉萨红山顶上修筑了宫殿，住在那里。"[30] 剔除其中的佛教内容，还是可以看到，选择拉萨作为首府，松赞干布是经过了

---

[30]　萨迦·索南坚赞：《王统世系明鉴》（一作《西藏王统记》，藏文本），北京：民族出版社，1981，第65页；萨迦·索南坚赞：《王统世系明鉴》，陈庆英、仁庆扎西译注，沈阳：辽宁人民出版社，1985，第51-52页。

松赞干布的诞生地——墨竹工卡甲玛乡

一番仔细考察研究的,首先看重的还是拉萨良好的自然环境和极其重要的战略位置。

囊日伦赞时期已经把大本营安扎在墨竹工卡的甲玛(rgya-ma)山沟,他在这条南北走向的山沟中建造了几座宫堡,松赞本人就诞生在这里。从甲玛沟到吉雪沃塘距离并不遥远,他们不仅熟知拉萨得天独厚的有利条件,也知道它存在的隐患,首先是来自吉曲河的水患。松赞和他的大臣们发现在今天纳金乡所在的地方,吉曲河分成南北两股河道,在平野上任意奔流漫延,使很多地方变成了沼泽和河滩。他命令大臣征集周围的军民,修筑堤坝,堵塞北面河道。吉曲河的主流顺着南面山坡奔流而去,使北面大部分地方变成干爽平坦的陆地,成为拉萨发展的基础。松赞干布君臣决定在拉萨红山修建宏大宫殿,将王室和统治中心迁到这里,拉萨从此成为吐蕃的都城,也成为吐蕃的政治、经济、文化、军事、交通中心。

雅隆河谷地区经过悉补野历代赞普的苦心经营,特别是松赞干布祖父和父亲两代的精心巩固，已经成为吐蕃邦国坚固的后方阵地。从当时的政治、军事形势来看，他们所面临的威胁或者要统一的目标来自西藏高原的北部和西北部，在具备充足的实力之后，把政治核心前移是吐蕃进一步发展的必然要求。可以说，定都拉萨既是雅隆吐蕃邦国扩张的产物，又是其进一步向外扩张，统一青藏高原地区，建立强大吐蕃王朝的新起点。对于拉萨这座历史文化城市来说，这也是其文明历程的新开端。

修建布达拉宫

布达拉宫的修建是松赞干布时代一项巨大的工程。《旧唐书》记载，松赞干布迎娶文成公主，"及与公主归国，谓所幸者曰：'我父祖未有通婚上国者，今我得尚大唐公主，为幸实多。当为公主筑一城，以夸示后代。'遂筑城邑，立栋宇以居处焉。"[31] 晚期藏文史书记载，布达拉宫的修建与泥婆罗赤尊公主的倡议有密切关系。《柱间史——松赞干布的遗训》记载，赤尊公主见赞普松赞干布担心外敌来犯，提议扩建宫室，松赞干布接受建议，修建了雄伟的布达拉宫。该宫殿修建在红山上，俨然一座雄伟的城堡。一道砌砖的四方城墙围绕着红山，虎、狮二山雄踞其中。这道城墙长约一由旬（约合20华里），高34（原文无量词，似乎为庹），相当于九层城堡那么高。九百九十九幢砖砌的红宫殿宇、雕梁画栋、美不胜收，飞檐翘角、金碧辉煌，牌坊耸立、蔚为壮观，其景胜似天界……赞普数以千计的宫舍居高临下，宫顶旗杆林立，彩幡飞扬，其景观犹如令人望而生畏的罗刹之境。这座城邑易守难攻，即使四方邻国举兵来犯，只需兵卒五人，即可御敌于城下。在赞普宫殿的正南上方，建筑有一座粟特（sog-po）建筑式样的九层后妃宫殿，其规模之大与赞普的宫殿不相上下。其内里胜似天界无量宫，外观犹如罗刹楞伽

---

[31]《旧唐书》卷一九六上《吐蕃上》。

赤尊公主塑像

城（srin-po-langka-pu-rivi-grong-khyer）。赞普与后妃的宫殿之间飞架着一座金银桥。在宫殿的东门外，开掘建造了一处赞普的跑马场，其深有两人高，宽十八庹，长三百庹。地基是用陶土、砖块和木板一层层铺成的，跑道两壁的栅栏上涂了色、上了漆，还装饰了许多珠宝，一派富丽堂皇，一马奔驰便有万马奔腾之势。城堡的东门叫虎门（stag-sgo），南门叫豹门（gzigs-sgo），西门叫威武门（dbang-sgo），北门叫汉女幻化门（rgya-mo-vphrul-sgo）。关于建造布达拉宫的事迹，还被描绘在大昭寺西侧的墙壁上，[32] 用壁画来记述历史，也成为吐蕃传承文明的一种直观、形象、有效的方式。

《王统世系明鉴》也记载，赤尊公主为了吐蕃王国的安全而筹划修建一座大城，由王室提供美酒和食物，吸引百姓参加工程建设。在阴木羊年（635）开始为城墙奠基，建成后的城墙高三十版，高大而宽阔，每边长约一个"江扎"（rgyang-grag，即声音能传播到的

---

[32] [印度]阿底峡尊者发掘：《西藏的观世音》（藏文本），兰州：甘肃民族出版社，1989，第145-146页；[印度]阿底峡尊者发掘：《西藏的观世音》，卢亚军译注，第143-145页。

距离），城的大门朝南，内有红色宫室九百间，连同顶上国王的寝宫共计一千间。所有宫室屋檐均装饰着珍宝，游廊台阁都悬挂铃铛，风起摇曳发声，富丽堂皇。宫殿美如仙宫，赏心悦目。各种珍宝装饰，并镶缀锦缎璎珞，格外迷人。与罗刹城楞伽布日（langka-pu-ri，即楞伽城）一样，宫殿顶上遍插刀枪，树立十面旗帜，并以绫罗相连。城南有砖砌城堡式建筑，系供赤尊公主居住的扎拉吉祥无量宫（brag-lha-bkra-shis-kyi-gzhal-yas-khang），宫室九层，高大宽敞、美妙壮丽。赞普和王妃的寝宫之间有铁桥相连，桥上悬缀纱幔、拂尘、铃铛，赞普和王妃往来桥上，铃声阵阵。王宫落成后，赞普和大臣们举行盛宴，隆重庆祝。[33]

布达拉宫的修建是吐蕃王朝崛起的重要标志之一，是吐蕃经济和政治发展的产物，也体现了吐蕃的科技和文化成就。

布达拉宫坐落于西藏拉萨区西北玛布日山上，是世界上海拔最高，集宫殿、城堡和寺院于一体的宏伟建筑，也是西藏最庞大、最完整的古代宫堡建筑群。七世纪至八世纪，布达拉宫先后遭遇了火灾和雷击，好多宫堡都倒塌。吐蕃王朝瓦解后，它又被战火毁坏。十七世纪中期，五世达赖喇嘛在保留法王洞与圣观音殿的基础上，扩建了主体建筑和"白宫"，第司（Sde-srid 或 Sde-ba，第悉或第巴）桑结嘉措继续完成了"红宫"，由此形成了后代布达拉宫的基本规模。

---

[33] 萨迦•索南坚赞：《王统世系明鉴》（藏文本），第96页；萨迦•索南坚赞：《王统世系明鉴》，陈庆英、仁庆扎西译注，第77页。

4　统一青藏高原

松赞干布这一名字事实上是他的尊号,是因为卓越的功绩被臣民赋予的,根据古藏文资料《敦煌本吐蕃历史文书》记载,吐蕃以前无文字,此赞普时期始出现。吐蕃之典章大法,臣相的品位等级,大小官吏之权势,善行之奖赏,恶行之惩治,农牧计量之皮张与"突尔嘎"(thul-ka),均衡物资之升、合、两等,吐蕃之一切纯善法制典章,都出自赤松赞赞普(即松赞干布)时代。万民感恩不尽,共上其尊号为松赞干布。[34] 这里着重提到的还是文治,事实上他的武功同样为史家所称道。

与噶尔·东赞宇松的盟誓及灭象雄

在晚期的藏文佛教史书中,松赞干布被塑造成一个虔诚信佛、无所不能的观世音化身形象。事实上,松赞干布并没有三头六臂或者出神入化的地方,只是一位个人素质优良、坚毅沉稳、具有远大政治抱负和出色谋略的政治家和军事家,同时他善于识人用人,善于抓住历史机遇、乘势而上,遂能成就统一吐蕃大业。其中,重用噶尔·东赞宇松(mgar-stong-btsan-yul-srung,?—667)是重要一环。

噶尔·东赞宇松是松赞干布最为倚重的吐蕃大相,汉文称作禄东赞,是藏文 blon-stong-btsan 的音译,在处置琼保·邦色苏孜的谋逆事件中脱颖而受重用。他出生在今西藏山南地区加查县嘎玉地方。

---

[34]《敦煌本吐蕃历史文书》(增订本),王尧、陈践译注,第169页;《敦煌藏文吐蕃史文献译注》,黄布凡、马德译注,第244页。

象雄王国故地曲踏墓地
出土的黄金面具

《旧唐书》记载:"噶尔·东赞虽不识文记,而性明毅严重,讲兵训师,雅有节制,吐蕃之并诸羌,雄霸本土,多其谋也。"[35] 意思是说噶尔·东赞宇松并没有读多少书,但却是一个能力超群的实干家,沉稳又大气,智勇双全,特别能带兵打仗。《新唐书》中也有类似的记载。

象雄是雄踞今西藏西部、西北部地区的邦国,苯教文明发达,游牧经济繁荣,在六世纪末七世纪初已经与雅隆吐蕃邦国和苏毗邦国形成三足鼎立之势。松赞干布的父亲时代象雄曾经被征服过,但是象雄后来又反叛吐蕃。重新收服地域辽阔的象雄对吐蕃王朝来说意义重大,而担负这一责任,并在其中发挥关键作用的人物就是松赞干布最为倚重的大臣噶尔·东赞宇松。噶尔·东赞宇松不负厚望,率兵出征,将强悍的象雄再度纳入治下,为吐蕃统一立下赫赫战功。

松赞干布征服象雄展现了智勇并用的特点,噶尔·东赞宇松在这两方面发挥了作用。

为了了解象雄王国内部的虚实,吐蕃将松赞干布的妹妹赛玛噶嫁给了象雄王李弥夏(李聂秀)作为妃子。由于李弥夏已有自己的宠妃秀格妃载婷夏,赛玛噶虽一度博得国王欢心,但最终还是难免

---

[35]《旧唐书》卷一九六上《吐蕃上》。

失宠的命运。后来,她自暴自弃,既不为李弥夏料理家务,也不生儿育女,甚至与国王分处而居。为了舒缓心中的郁闷之气,赛玛噶还常常到离王宫不太远的玛旁雍错湖尽兴游乐,看鱼儿游弋,看湖面碧波荡漾。得知这一消息,吐蕃君臣十分心焦,这显然是他们不希望看到的景象,也与此番联姻的真正用意渐行渐远,误了大计。吐蕃立即派遣一位叫芒炯(rmang-cung)的人前往象雄探望赛玛噶公主,并暗中劝慰。芒炯在琼隆银城没有见到公主本人,便直接前往玛旁雍错,并当面把王兄松赞干布的意旨告知公主。赛玛噶见到来自故土且为王兄身边的亲人,尽管依然优雅地向芒炯行礼,表示见到使者如同见到王兄,但她无法控制情绪,满腹委屈一泻而出,歌咏了自己的愤懑之情,歌词的大意是:

我居住的地方,
一座琼隆银城。
四周人们都说,
外观是悬崖峭壁,
内看则黄金珍宝。
我在悬崖之前的住地还不美妙吗?

象雄王国故城琼隆银城遗址

只是一片灰白色的土地！

我属下的仆从，
是古格的脚夫，
供我役使还不舒心吗？
古格人一熟悉就心生怨尤！

供我享用的食物，
是鱼和麦子，
吃起来还不可口吗？
鱼和麦子一嚼起来即苦涩！

我豢养的牲畜，
麋鹿和野骡，
调教起来还不可爱吗？
麋鹿和野骡终是野性的畜生！
……[36]

吐蕃公主的意思是显而易见的，在别人的眼里无论是居住环境、食物和饲养的牲畜都是那么的令人艳羡，但是她没有感觉，有的只是伤心和悲哀。原因恐怕只有一个，这里没有她所想要的爱情，象雄王李弥夏不爱她，所以一切事物在她眼里都失去了光泽与美好。

在吐蕃公主唱出了积压在胸中的怨言和期望之后，芒炯起身告辞，并索取公主给赞普兄长的回信，公主回答说："没有任何书信，王兄身心安泰，我心里就高兴。对赞普的嘱托，我将不顾性命与处罚地去执行。请把这个呈献给赞普吧。"她在说话的同时递上了一条牦牛尾巴。

---

[36]《敦煌本吐蕃历史文书》(增订本)，王尧、陈践译注，第167-168页；
《敦煌藏文吐蕃史文献译注》，黄布凡、马德译注，第230-231页。

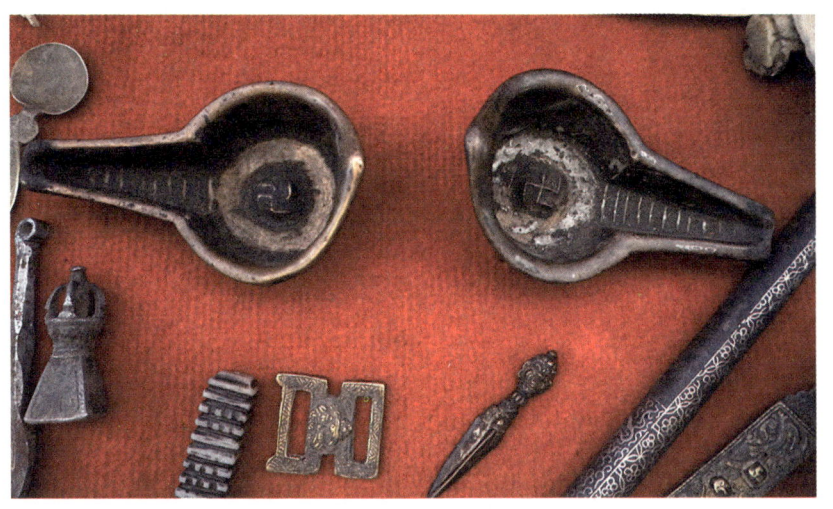

象雄故地故如甲木墓地发现的部分文物

　　芒炯回到松赞干布身边，汇报了与赞普妹妹互动的情形，也汇报了公主没有给予回信的情形。但是，公主给兄长赞普带来了一个加盖有封印的盒子，里面装有约30颗上好的松耳石，以及那条牦牛尾巴。松赞干布从这两件礼物中领悟到妹妹的潜台词："如果敢于出兵攻打李弥夏的话，就戴上松耳石；如果怯懦畏战的话，就像妇人一样披上牦牛尾巴。"[37] 激将法这一招果然灵验，松赞干布君臣坚定了攻打象雄的决心。

　　642年（唐太宗贞观十六年），噶尔·东赞宇松随松赞干布讨伐羊同（即象雄），费时三年，成功征服了这个邦国，统一了青藏高原。《敦煌本吐蕃历史文书》（P. T. 1287号"赞普传记"）也记载，噶尔·东赞宇松接受松赞干布之命，率领吐蕃军队前往征服象雄，灭掉李弥夏，为吐蕃扩张领土建立了功勋。战后松赞干布举行了盛大庆典，君臣尽情畅饮，率性而歌。年轻赞普松赞干布在欢庆宴会上激情而自信地歌唱道：

---

[37]《敦煌本吐蕃历史文书》（增订本），王尧、陈践译注，第168页；《敦煌藏文吐蕃史文献译注》，黄布凡、马德译注，第234页。

啊！若问君王之名，赤氏松赞君；
若问臣之名，东赞宇松臣；
若问马之名，玉布藏藏马，藏藏敏捷轻盈骏。
论布东赞回歌作答道：
王命浩浩，功业永存。

为君不弃臣，
君若抛弃臣，如同山野鸡，流落到平川；
为臣不弃君，
臣若背弃君，如同画眉鸟，栖息枯树顶。[38]

上述文书强调了君臣之间相互依附、成就大业的重要性，同时也通过盟誓反映了建立卓越军功的噶尔·东赞宇松在吐蕃王朝的众臣中脱颖而出，成为能臣和重臣的代表。当时的吐蕃"在上君主英明要数赤松赞，在下臣相贤能要数噶尔·东赞宇松。君如天山福星高照，臣如大地承受万钧，势大国强之条件，一应具备。"[39]松赞干布的英明和噶尔·东赞宇松的贤能以及他们的精诚协作，成为刚建立的吐蕃王朝迅猛发展的有力保障。此外，这次君臣盟誓也为后来噶尔后裔反叛赞普，将士不从，被迫自杀埋下伏笔，表明君臣之间盟誓具有巨大的约束作用。

开疆拓土

隋唐之际的中原战乱，也成为吐蕃实施扩张政策难得的外部机遇。松赞干布控制苏毗和象雄之后，没有停止军事扩张的步伐，并

---

[38]《敦煌本吐蕃历史文书》（增订本），王尧、陈践译注，第168-169页；《敦煌藏文吐蕃史文献译注》，黄布凡、马德译注，第241-244页。

[39]《敦煌藏文吐蕃史文献译注》，黄布凡、马德译注，第243-244页。

开始把视野放在更大的范围，逐渐蚕食鲸吞吐蕃与唐朝之间的一些部落邦国，在较短的时间里，相继用兵吐谷浑、党项、白兰等部，虽然没有完全占领这些邦国，却也为此后吐蕃王朝的扩张确定了策略，描绘出了扩疆路线图。其主要实施者则是以噶尔家族为主的军事贵族势力集团。

吞并苏毗

隋唐之际，苏毗的政治制度、风俗文化等与东女国近似，有将两者等同者。《隋书》记载的女国，在葱岭（帕米尔）之南，其国代代以女为王。"王姓苏毗，字末羯，在位二十年。女王之夫，号曰金聚，不知政事。国内丈夫唯以征伐为务。"[40]这里的女王姓苏毗，"末羯"大约是藏文"mo-rgyal"的音译，其意思就是女王。女王的丈夫也有专门称谓，叫"金聚"。英国藏学家托马斯(F. W. Thomas)认为，该词来自藏语"khyim-tsun"，意为"家人"，只参与政事。男子们的主要职责就是作战。女国山上为城，方圆五六里，有万户人家。女王居住在九层之高的碉楼中，有数百名侍女伺候照应，隔五天处理一次朝政。另有一位女王共同执掌国政。女国的习俗是贵妇人、轻丈夫，而性不妒忌。男女皆以彩色涂面，一日之中，或数度变改之。人皆被发，以皮为鞋。课税无常。气候多寒，以射猎为业。出鍮石、朱砂、麝香、牦牛、骏马、蜀马，尤其以产盐闻名，人们经常携带食盐向天竺（今印度）贩运，获利数倍。苏毗也多次与天竺和党项发生战争。[41]

女国国王去世，国中则厚敛金钱，从死者族中选择贤女二人，一为女王，次为小王。女国有一种特殊的二次葬制度，在贵族死后，剥取皮，以金屑和骨肉装在瓶内埋葬。过一年，再将死者的皮放在铁器内埋葬。《隋书》记载，女国俗事阿修罗神。阿修罗（Asura），

---

[40]《隋书》卷八三《西域·女国》。

[41] 同上。

直译为"非天",既是印度教中与天神作战的一个凶神,也是佛教中的一个战神。按照佛经说法,阿修罗男身形丑恶,女端正美貌。这说明了女国在信仰上与古代天竺的关系。女国也有树神,每年年初要举行祭祀,杀人作为祭品,或者用猕猴作为祭品。祭祀仪式结束之后,到山中祷告。如果有一只像野鸡一样的雌鸟飞到祷告者手掌上,刨开其腹,腹内有粟则预示当年会有一个好收成,内为沙石则预示当年会是个灾害之年,这称之为鸟卜。隋文帝开皇六年(586),女国向隋朝遣使朝贡,后来联系中断。[42] 史料记载,多弥国"滨犁牛河",而犁牛河即金沙江上游通天河一带,也就是说多弥国在今青海省玉树一带,而苏毗则在多弥之西,故有学者认为苏毗位于玉树以西的西藏那曲地区。

《敦煌本吐蕃历史文书》记载,松赞干布继任赞普大位之时,父系臣民生怨,母系臣民叛乱,姻戚象雄、犏牛产地孙波(即苏毗)、聂尼、达布、工布、娘布等地区也全部叛离。松赞干布采取了各种策略重新使叛部归于治下。对于苏毗他并没有派兵征服,而是派遣娘·芒布杰尚囊,依靠其三寸不烂之舌,使该地人户无一遗漏全部成为真正属民。苏毗的归附对于吐蕃后来的军事扩张具有重要作用。陇右节度使哥舒翰在给唐玄宗的上疏奏折中称:"苏毗一蕃,最近河北,吐浑部落,数倍居人,盖是吐蕃举国强援,军粮兵马,半出其中。"[43] 由此可见,苏毗和吐谷浑成为吐蕃军事活动最为关键的兵员和粮马来源。

苏毗被吐蕃征服后,一直还保留其部落组织结构。《新唐书·苏毗传》记载:苏毗,本西羌族,为吐蕃所并,号孙波,在诸部最大。东与多弥接,西距鹘莽硖,户三万。一百年以后苏毗部落组织及首领的名号依然存在。因为不满吐蕃的统治,苏毗王不惜牺牲生命投奔唐朝。史料记载,唐玄宗天宝(742—756)年间,苏毗王没陵赞

---

[42]《隋书》卷八三《西域·女国》。

[43]《全唐文》卷四〇六哥舒翰《奏苏毗王子悉诺逻降附状》。

率部投唐，结果被吐蕃发现，没陵赞及其家族共二千余人被杀，苏毗王子悉诺逻于天宝十四载（755）春逃至陇右，得以抵达长安。唐玄宗封其为怀义王，并赐姓名李忠信。[44]

进攻吐谷浑

吐谷（yù）浑（313—663），亦称吐浑，吐蕃人称之为阿柴（A-zha）或者阿夏，是中国古代西北民族及其所建国名，最早也是人名。吐谷浑为辽东鲜卑慕容部人，父亲慕容涉归是部落首领。慕容涉归在年老后，将王位和主要部落百姓传给了儿子慕容廆，同时把部落另外一千七百家分给了年长但是庶出的另一个儿子吐谷浑。慕容涉归去世后，慕容廆嗣位，他部落的马和吐谷浑部落的马互相打斗。慕容廆生气地说："先父分建有别，为什么不互相远离，而让牧马相斗！"吐谷浑听到后也不太高兴地说："马为畜呀，互相打斗是其本性，为什么要迁怒于人呢？！分开来不难，我要离开你到万里之外的地方去。"于是，他便率领自己的部落百姓离开了祖先世代居住的辽东草原，辗转而西。

慕容廆看着自己兄长吐谷浑率部西行的身影，良心发现，悔恨和悲伤由心而生，写下了哀怨缠绵的"阿干之歌"，经常吟唱，以追思与兄长的昔日深情，"阿干"是鲜卑语哥哥、兄长的意思。

西晋末年，吐谷浑的部落在今甘肃临夏（古称枹罕）定居下来，并不断扩张，统治了今青海、甘南和四川西北地区的羌、氐部落，建立政权。[45] 至其孙叶延，始以祖名为族名、国号。南朝称其为河南国；邻族称之为阿柴虏或野虏。[46] 东晋十六国时期吐谷浑依旧控制着青海、甘肃等地，并与南北朝各国保持友好关系。

---

[44] 《新唐书》卷二二一下《西域下·苏毗》。

[45] 《晋书》卷九十七《四夷传·西戎·吐谷浑》，北京：中华书局，1982。

[46] 周伟洲：《吐谷浑史》，银川：宁夏人民出版社，1985，第11-14页。

隋朝曾两次征战吐谷浑，在吐谷浑地区设河源、西海、鄯善、且末四郡。[47]隋末中原动乱，吐谷浑再度崛起并大肆扰边。唐太宗贞观九年（635），唐朝出兵打败吐谷浑，吐谷浑王伏允西逃至今新疆鄯善后自杀。贞观十五年（641），吐谷浑内部以丞相宣王为首的亲吐蕃势力抬头，他们暗地里征兵，企图以祭祀山神为名，袭击唐朝弘化公主，劫持吐谷浑王慕容诺曷钵投奔吐蕃。诺曷钵得知消息后，与弘化公主迅速投奔唐朝鄯城（今青海省西宁市）。唐朝鄯州刺史杜凤举派遣果毅都尉席君买与威信王合兵，攻击宣王，杀其兄弟三人，重挫其势力。唐太宗又派户部尚书唐俭、中书舍人马周持节抚慰。吐谷浑内部两股力量对比发生了变化，亲唐的诺曷钵势力暂时占据上风，而亲吐蕃的宣王势力受到抑制；吐蕃的北上势头相应受到一定遏制。[48]

不久，吐蕃再次开始军事扩张，甘、青地区为其主要目标。唐高宗龙朔三年（663），吐谷浑被吐蕃所灭，诺曷钵奔凉州，后率数千帐内附唐。唐徙其部众于灵州，置安乐州，以诺曷钵为安乐州刺史，子孙仍世袭青海地号，直至唐德宗贞元（785—804）时期为止。[49]

吐谷浑以牧业为主，擅长养马，良马有龙种、青海骢。传说每当冬季来临时，波涛起伏的青海湖被冰块覆盖，吐谷浑人把良种母马赶到湖中心的海心山上，到第二年春天，母马怀孕产下体格健壮的马驹，号为"龙种"。青海骢是波斯马与当地马杂交而生，号称日行千里。白兰山（今青海省都兰巴隆一带，也有说是今青海省巴颜喀拉山）出产黄金、铜、铁，吐谷浑的金属冶炼也比较发达，兵器制造颇具特色。吐谷浑因地处中西陆路交通要道，北与蒙古高原，西与中亚，南同青藏高原，东同黄河、长江流域均有贸易往来。丝绸之路中的青海道（又称吐谷浑道）在中西丝绸之路贸易中扮演

---

[47]《隋书》卷二九《地理志》。

[48] 周伟洲：《吐谷浑史》，第99-104页。

[49]《旧唐书》卷一九八《吐谷浑》。

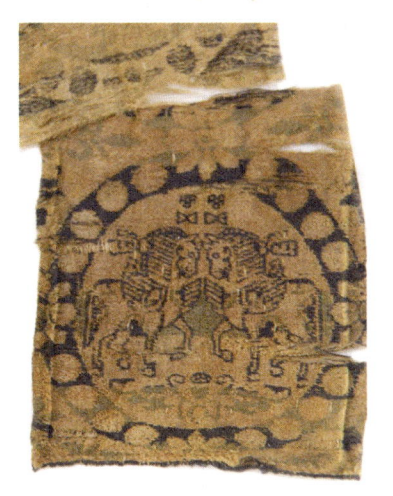

青海都兰吐蕃墓葬中出土的对马纹丝绸

青海都兰吐蕃墓葬中出土的对兽纹样丝绸

中介角色,在唐朝与吐蕃的关系中也发挥着特殊的纽带作用。早期的吐谷浑人信萨满教,后来佛教传入吐谷浑;夸吕可汗时期吐谷浑王曾遣使至南朝梁(502—557),求释迦牟尼佛像和佛教经论,并获得佛像及《涅槃经》《般若》《金光明讲疏》等佛经。[50] 吐谷浑境内以鲜卑人、羌人为主,前者是统治民族,后者是居民的主要构成部分。

松赞干布吞并羊同和邻近诸邦国并统一西藏高原地区之后,迎来唐朝使者冯德遐。他得知突厥和吐谷浑均与唐朝联姻,迎娶唐朝公主,便派遣使者随冯德遐前往长安,带着大量金银财宝,奉表请婚。贞观八年(634),他们到达长安,但是令松赞干布失望的是,唐太宗并没有答应吐蕃使者的请求。吐蕃使者对赞普总要有个交代,根据史料记载,他们把求亲失败的原因归咎于吐谷浑使者从中作梗:他们刚到长安,便得到唐朝十分优厚的款待,并且答应嫁公主给赞普。但是,恰在这时吐谷浑王入朝,从中离间,唐太宗转而

---

[50] 周伟洲:《吐谷浑史》,第131-136页。

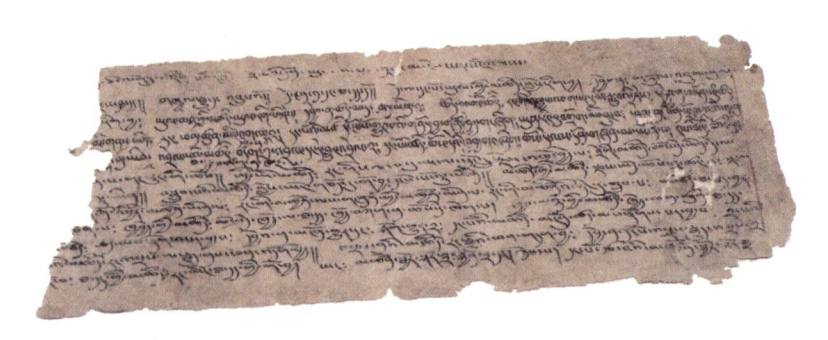

敦煌发现的吐蕃文献

怠慢吐蕃使者,并收回成命,拒绝将公主嫁给赞普。[51]

关于这个故事,一种观点认为,与唐朝关系密切的吐谷浑王慕容诺曷钵,应该已经告诉唐朝吐蕃正在青藏高原积极扩张的情况,从而让唐朝对吐蕃警惕起来,所以拒绝通婚以挫其锐气。另一种观点认为,唐朝当时对吐蕃的情况了解不多,尚未把吐蕃看作是一支值得重视的力量,于是就没有答应这门婚事,可是吐蕃使者因未完成任务而担心受到赞普的训斥,便嫁祸于吐谷浑,编造了上述故事。不管是哪种原因,正大肆扩张的松赞干布决定要出兵攻打吐谷浑,既迈出东北向扩张的重要一步,又可对唐朝西部边地施加军事压力。于是,松赞干布便与新近征服的羊同一起出兵,从南部和西部两个方向进攻吐谷浑,吐谷浑难以抗拒,退守青海湖一带地区以避锋芒,其大批的人口和牲畜被吐蕃和羊同联军俘获。据敦煌发现的吐蕃古藏文文献,"其后,赞普亲自出巡,在北道,既未发一兵抵御,亦未发一兵进击,迫使唐人及吐谷浑人,岁输贡赋,由此首次将吐谷浑人收归治下。"[52] 虽有夸大之词,却也反映了这次进兵顺利并最后获胜的事实。吐蕃真正灭亡吐谷浑是在松赞干布的孙子芒松芒赞(mang-srong-mang-btsan,汉文史书称乞梨拔布,650—676在位)统治时期,即唐高宗龙朔三年(663)。

---

[51] 《旧唐书》卷一九六上《吐蕃上》。

[52] 《敦煌本吐蕃历史文书》(增订本),王尧、陈践译注,第165页。

进攻党项

在击败吐谷浑之后，松赞干布率领大军乘胜进攻了与吐谷浑毗邻而居的另外两个羌人首领所建立的邦国——党项和白兰。党项是中国古代西北民族之一，汉文文献称之为"党项羌"。西方文献经常用"Tangghut"（唐古忒，唐古特）来称呼党项。党项一词最初出现在鄂尔浑突厥鲁尼文碑铭中，时间是在唐玄宗开元二十三年（735）。[53]党项羌的活动地域在今青海湖周围的草原和青海湖以南，黄河、大通河、湟水源头附近的山地。

《隋书·党项传》记载：党项"每姓必为部落，大者五千余骑，小者千余骑"，"俗尚武力，无法令，各为生业，有战阵则相屯聚，无徭赋，不相往来。牧养牦牛、羊、猪以供食，不知稼穑"。[54]这说明党项人以牧业为主，不懂农业生产，当时也没有文字历法，以草木枯荣计算岁月，崇拜天神，死后火葬。党项人尚武而勇猛，保持着有仇必报的习俗。未复仇前，蓬首垢面赤足，禁食肉类，直到斩杀仇人，才能恢复常态。党项人还特别崇尚白色。隋唐之际，党项羌不断有部落首领归附中央王朝。隋文帝开皇四年（584）有千余家党项羌人归附隋。次年，党项族领导人拓跋宁丛等率部落到旭州（今甘肃省临潭县境）请求内附，隋朝授拓跋宁丛为大将军。中原王朝对内附党项设立州县，予以安置。

唐太宗贞观三年（629），唐朝南会州都督郑元璹招谕党项归附，党项首领之一细封步赖率部归唐，唐朝在其地设轨州（今四川省松潘县西），授细封步赖为刺史。接着又设崌、奉、岩、远四州，以原来各部酋长分别担任各州刺史。唐太宗贞观九年（635），唐下诏遣使开河曲地为16州，党项内附者34万人口。党项拓跋部酋长拓跋赤辞归附唐朝。唐就其地分设懿、嵯、麟、可等32州，任命归附的

---

[53] [苏]克利亚什托尔内：《古代突厥鲁尼文碑铭：中亚细亚史原始文献》，李佩娟译，哈尔滨：黑龙江教育出版社，1991。

[54] 《隋书》卷八三《西域·党项》。

部落首领作刺史，以拓跋赤辞为西戎州都督，赐姓李氏，后封其松州都督府节制，又称平西公。吐蕃发动进攻后，散居在今甘肃省南部和青海省境内的党项部落东迁，唐移静边州都督府至庆州（今甘肃省庆阳县），下辖的25个党项州也随着一道迁徙。[55] 内迁的党项后来再度勃兴，以今宁夏为中心建立西夏政权，盛极一时。党项原居地被吐蕃占领，留居百姓被吐蕃所役使，吐蕃称这些人为"弭药"（木雅，mi-nyag）。

进攻白兰

白兰属于古羌人部落的一支，西晋时期就见于史籍记载，吐谷浑强大后将其收归治下。隋唐之际，白兰活动地区在吐谷浑的西南部，其西北边是叱利摸徒部落，南界那鄂部落。《新唐书·党项传》称，白兰羌被吐蕃人称作"丁零"，左面是党项人活动地区，右边与多弥国相互接壤。白兰羌有上万强悍的士兵，勇于战斗，善于制造兵器，其风俗习惯和党项类同。白兰羌当时主要活动在今青海省都兰、巴隆一带。松赞干布派使者初次使唐求亲不成，迁怒于吐谷浑，吐蕃大军攻击吐谷浑。唐高宗显庆元年（656）十二月，吐蕃大将噶尔·东赞宇松率兵12万进攻白兰羌，苦战三天。吐蕃初败后胜，杀白兰千余人，控制其地。

占领东女国

《旧唐书》认为，东女国也是西羌的部落之一，由于"西海"中还有一个女国，所以该女国被称为东女国。该国习俗以女为王。东面与茂州（今四川省茂县）党项部落相接，东南部与雅州（今四川省雅安市）相接，与罗女蛮和白狼夷毗连而居。东女国的辖区东西宽有九日行程，南北长需二十日行程。有大小八十余座城池，东女国国王所居的都城叫作康延川，中间有河水往南流去，要渡河用

---

[55]《旧唐书》卷一九八《党项羌》；周伟洲：《唐代党项》，西安：三秦出版社，1988，第19-59页。

牛皮船为工具。有学者认为，该城应该就是今天西藏昌都镇。松赞干布开始扩张后，东女国一度被占领，后来恢复故态，与分布在今横断山地区的"西山八国"一样，介于唐朝和吐蕃之间，谁强依靠谁，夹缝求生，左右逢源，被称为"两面羌"。[56]

控制多弥

《新唐书》记载，多弥也是西羌族，被吐蕃征服后，称作"难磨"（nam，又作 gNam、sNam），该邦国毗邻长江上游通天河（藏文称作牦牛河，vbri-chu），该地盛产黄金。唐太宗贞观六年（632）多弥国遣使向唐朝纳贡，唐朝也馈赠了礼品。[57] 吐蕃占领白兰后，屯兵多弥，征服多弥国。

控制门隅、珞瑜

《汉藏史集》记载，松赞干布时期"将边地诸小邦即珞门（lho-mon）地区草原居民和森林居民全部纳入治下，社稷百姓平安康乐，各种教法大都盛行。"[58] 由此可见，南部珞瑜、门隅地区是在此时纳入王朝管辖的。

控制泥婆罗

松赞干布当政时期，泥婆罗的国王是希瓦·德瓦一世（Siva-deva，湿婆提婆），他大约于 588 年即位，大权由首相阿姆苏·瓦尔玛（Amsuvarma，鸯输伐摩）掌握。606 年，国王放弃王位，阿姆苏·瓦尔玛即王位，他的女儿布里库蒂（Bhrikuti），也就是藏文史书中的赤尊公主（khri-btsun）。阿姆苏·瓦尔玛去世后，德瓦一世的长子乌达亚·德瓦（Udaya-deva）二世掌政，王权完全重归德瓦家族

---

[56] 《旧唐书》卷一九七《东女国》。

[57] 《新唐书》卷二二一下《西域下·多弥》。

[58] 达仓宗巴·班觉桑布：《汉藏史集》，陈庆英译，第 91 页。

掌握。不久国王弟弟毗湿奴·笈多（Vishnu-Gupta）废兄自立为王，德瓦二世之子纳伦德拉德瓦（Narendradeva）逃往吐蕃求助。641年，松赞干布派军护送纳伦德拉德瓦返回。吐蕃军处死毗湿奴·笈多，立纳伦德拉德瓦为王。[59]事实上，泥婆罗已在吐蕃的控制之下，泥婆罗每年要派官员率领携带着贡物的苦力到叶蕃纳贡。

用兵天竺

印度菩西亚布蒂王朝（Pushyabhuti，约400—647) 名王戒日王（tshul-khrims-nyi-ma）去世后，王位被大臣阿罗那顺（Arjuna）篡夺，648年唐朝使者王玄策出使天竺，阿罗那顺以兵拒绝，并俘虏了王玄策和30名随从，抢劫了使者所携物资。王玄策趁其不备逃脱，来到吐蕃西境，求救兵于吐蕃，松赞干布派精锐1200人，并命属国泥婆罗出兵7000骑兵出击北天竺。他们顺利拿下北天竺，并包围鎛和罗城，激战三日，歼敌3000余人，阿罗那顺弃城逃跑，其兵丁庶民溺水而死者万余人。阿罗那顺也成了俘虏，吐蕃军掳获其王妃、王子，掳获百姓共计12000人，城镇580余座归降。[60]阿罗那顺被王玄策带到长安，后来其雕刻石像在唐高宗乾陵番臣石人头像中被发现。

通过一系列的军事扩张，松赞干布君臣在巩固原有辖区的基础上，将青藏高原上大大小小的古代邦国纳入治下，并对青藏高原周边地区的政权形成一定的冲击和影响。为了与周边政权发生更紧密的联系，松赞干布采取了雅隆悉补野部邦国非常熟悉的也是当时流行经常采用的联姻方式。

---

[59] ［尼泊尔］I.R.阿里亚尔、［尼泊尔］T.P.顿格亚尔：《新编尼泊尔史》，四川外语学院翻译组译，成都：四川人民出版社，1973年。

[60] 《旧唐书》卷一九八《天竺》。

5　结亲四邻

与泥婆罗王室结亲

尼泊尔是一个内陆山国，位于喜马拉雅山中段南麓，东、西、南三面被印度包围，北与中国西藏自治区接壤，是中国的友好邻邦，历史上与西藏地方并通过西藏与中国内地发生过十分密切的经济和文化联系。唐朝文献称尼泊尔为泥婆罗，尼泊尔赤尊公主（khri-btsun）出嫁吐蕃赞普松赞干布是中尼关系史上重大而影响深远的事件。赤尊公主名毗俱胝（bhurikuti，布里库蒂），是尼泊尔国王光胄（angshupharma 鸯输伐摩，藏文名 de-ba-lha）的女儿，藏文史籍称赤尊公主。

按照藏文史书，松赞干布年过16岁时与大臣噶尔·东赞宇松、吞弥·桑布扎（thon-mi-sambhota）等商议向尼泊尔求婚之事，得到了大臣们的支持。如果这种说法不误，那么，这一年应该是632年。接受光荣使命的噶尔·东赞宇松携带黄金、赞普的泥婆罗文信函与聘礼，前往求亲。据说赤尊公主是一位肤色洁白而红润，口中檀香萦绕，且通晓文史经籍的淑女。泥婆罗国王起初并没有答应嫁女吐蕃，赞普的武力威胁及噶尔·东赞宇松的出色说服，终于让其答应了这门婚事。

临行前公主做了精心准备，除了随身携带释迦牟尼八岁等身佛像和弥勒佛像之外，还携带大量财宝、丝绸锦缎、珍贵药草、乐器及食物，并有十位美女随行。泥婆罗大臣百姓送赤尊公主至芒域（mang-yul），沿途遇到沟深岩陡的险路，他们便将驮子背上的物品卸下来，用人力传递物品，通过之后再让骡子、大象、骆驼驮载。该

《大唐天竺使之铭》碑文

条道路应该是今天中国和尼泊尔之间通过西藏自治区吉隆宗卡的古道,唐朝使者王玄策三次出使古印度(天竺)所经过的路线,以及留下《大唐天竺使之铭》的地区都在该条古道上。到达拉萨时,赤尊一行受到吐蕃大臣和百姓载歌载舞的热烈欢迎。松赞干布举行喜宴,与赤尊公主交杯饮酒、互结彩线,结为夫妻。

佛教产生地迦毗罗卫国就在今尼泊尔境内,该国王子乔达摩·悉达多(Gautama-Siddhārtha)即佛教的创立者,因此,泥婆罗有深厚的佛教文化传统。信仰佛教的赤尊公主的入蕃对佛教传入吐蕃起到了促进作用,后世佛教史家尊她为白度母的化身,并加以供奉。

根据藏文文献,拉萨著名的寺院大昭寺是由尼泊尔赤尊公主主持建造的。工程开始建设时遭遇种种磨难。赤尊公主得知文成公主精通堪舆之术,但碍于面子不便直接请求,遂通过噶尔·东赞宇松说情，并派侍女携带一升金沙作为礼物，恳请文成公主协助。文成公主摆开八卦，根据内地东青龙、西白虎、南朱雀、北玄武的相关学说，经过仔细推算认为雪域西藏是一个女魔仰卧之形，而卧塘湖即女魔的心脏，必须填平此湖，在其上修建神殿。热莫切（ra-mo-che）下则是龙宫，应该将自己从长安带来的觉卧佛像安置于此，用以镇邪，相应地在不同地方修建佛殿，以镇压女魔的四肢等部位。[61] 这就为大昭寺、小昭寺和诸多佛殿的修建明确了位置和功能。填湖造地是一项浩大的工程，首先要组织臣民百姓修建堤坝，让拉萨河改道，不再流入湖中。同时，把运来的石头沿着湖四周投下，直至填满，形成坚固的基础。[62]

藏文史书中还有许多生动而夸张的传说故事：据说工程的建设经历了十三年之久，松赞干布本人也直接参与了劳动，而赤尊公主则亲自为赞普做饭、酿酒，泥婆罗（尼泊尔）工匠负责工程建设，并根据先前对泥婆罗国王的许诺，将大昭寺门朝向西方，即正对着

仰卧的女魔图

---

[61] 萨迦·索南坚赞:《王统世系明鉴》，陈庆英、仁庆扎西译注，第106页。
[62] 同上书，第106-107页。

泥婆罗所在方向。松赞干布很善于调动大家的积极性，在闲暇时刻，经常和臣民们一起猜谜语，以启迪吐蕃人的智慧。在修建大昭寺期间，松赞干布还亲自带兵，并由吞弥·桑布扎、噶尔·东赞宇松等十六名大臣随行进攻唐朝，而王妃赤尊则从泥婆罗请来一千名工匠建造大殿上层，使工程得以顺利完成。关于进攻唐朝的说法并不可信，只反映了松赞干布因为向唐朝求婚被拒，率大军进攻松州的历史事件。这项工程却成为一个历史性的壮举。据记载，建寺当初是用一千只山羊，从伍茹彭域多麦（dbu-ru-vphan-yul-gyi-mdo-smad，今拉萨市林周县）地区一个叫作腾布郭巴（them-bu-lkog-pa）的地方驮来土石等材料修建的，所以，从那时起，人们也把寺院叫作"羊土神变寺"（ra-sa-vphrul-snang）。[63]拉萨由此得名，即"羊土"（ra-sa），后来又改为"圣土"（lha-sa）。从这则传说还可以看到，今天拉萨市周边的林周县曾是修建大昭寺的取材之地，当地百姓为此付出过巨大的努力，而白山羊又发挥了运输工具的作用。

松赞干布与泥婆罗赤尊公主的联姻，自然是其政治需要的直接产物，却开启了吐蕃与泥婆罗之间密切的经济和宗教文化交流的大门，大大增强两地人民之间的联系和友谊，为此后不断增进的交流打下坚实基础，是一件嘉惠后代的历史事件。

赤尊公主入蕃也成为吐蕃开展重大工程建设及其相关技术进步的历史契机，客观上促进了吐蕃各项事业的兴盛。最突出、影响最大的自然是修建布达拉宫和大昭寺，这首先需要财力支撑，同时也需要建筑技术的保障，此外，也需要文化艺术上的长足进步，无疑是浩大而艰巨的综合工程。据说，赞普松赞干布还在大昭寺背面的墙壁上绘制了谜语图。"赞普在闲暇时，经常和臣民们在一起猜谜语，以此启迪吐蕃人智慧。赞普问：'them nyer nyer spa ba phyis zha se'是什么，臣下怎么也猜不出来，赞普就把谜底画在地上，原来说的是'塔'（mchod-rten）。赞普曾经开玩笑出了这样一个谜面：

---

[63] ［印度］阿底峡尊者发掘：《西藏的观世音》，卢亚军译注，第214页，第220页，第255页。

'红叽叽的光棒棒,黑乎乎的两片片,进进出出声声响。'臣下交头接耳了好半天,都猜想是男女交媾之事,赞普笑着在地上勾勾画画出谜底,是'打铁'(mgar-ba-lcags-rdung-ba)。"[64]十一世纪以后的藏文史书中,出于法王化赞普的需要,佛教史家大多把松赞干布塑造成一个先知先觉、超凡脱俗的观世音化身的形象。《柱间史——松赞干布的遗训》里的这一段故事既符合传统,也展现了松赞干布平凡和机智幽默的一面。吐蕃人猜谜娱乐,展现了吐蕃时代生动的娱乐活动和丰富的民间文化生活。

根据《王统世系明鉴》记载,赞普还在拉萨药王山的查拉鲁普(brag-lha-klu-phug)修建神殿,所供奉的主神是图巴扎拉衮布(thub-pa-brag-lha-mgon-po),其右面是舍利子(shva-rivi-bu),左面是目犍连(mong-gal-gyi-bu),再右面是弥勒佛(byams-pa),再左面是观世音(spyan-ras-gzigs)。五尊佛像先由尼泊尔工匠刻出轮廓,然后由吐蕃臣民在岩上凿成。这不是一件容易的事情,松赞干布采取特殊的奖励措施以激励大家的工作热情。"谁若凿得岩石粉末一升来献,国王就用食盐一升奖励,若是拿半升岩石粉末来献即换给食盐半升,臣民纷纷前来开凿,以致盐价涨到六十倍。"[65]据《柱间史——松赞干布的遗训》记载,松赞干布的木雅王妃赤尊茹容妃杰莫尊(khri-btsun-ru-yong-bzav-rgyal-mo-btsun)在药王山凿岩建寺,她同样许诺工匠每凿一斗石粉便赏给一升盐的工价,成功建成了怙主普贤菩萨神殿,[66]显然食盐在其中发挥着货币的功能。

赤尊公主没有生育子嗣,她把主要的精力用在了协助松赞干布处理后宫日常事宜以及佛教信仰上面。

---

[64] [印度]阿底峡尊者发掘:《西藏的观世音》(藏文本),第253-254页;[印度]阿底峡尊者发掘:《西藏的观世音》,卢亚军译注,第155页。

[65] 萨迦·索南坚赞:《王统世系明鉴》(藏文本),第158页;萨迦·索南坚赞:《王统世系明鉴》,陈庆英、仁庆扎西译注,第126页。

[66] [印度]阿底峡尊者发掘:《西藏的观世音》(藏文本),第270页;[印度]阿底峡尊者发掘:《西藏的观世音》,卢亚军译注,第255-256页。

迎娶唐朝文成公主

唐蕃联姻，松赞干布迎娶文成公传颂千载。其实，政治联姻在先秦时代的中原地区各邦国首领之间就普遍存在，并形成传统，自西汉起中原王朝统治者已经把与边疆民族地区首领之间的联姻变成了密切联系、有效调控边疆的手段。西汉与匈奴的和亲，昭君（约前52—约前15）出塞；汉武帝钦命刘细君（？—前101）为公主，和亲乌孙，出嫁猎骄靡等被传为历史佳话。唐太宗贞观十四年（640）二月，李世民遣左骁卫将军、淮阳王李道明及右武卫将军慕容宝携带大批物资护送弘化公主入吐谷浑，与其国王诺曷钵成婚。弘化公主入吐谷浑，是唐朝将公主出嫁边疆少数民族领袖人物的开端。次年即有唐朝与吐蕃之间联谊、文成公主出嫁松赞干布的宏大事件的发生，唐朝的和亲政策因边疆治理的发展而达到一个新的高峰。

唐太宗贞观八年（634），松赞干布遣使至唐"朝贡"。唐太宗命行人（即使者）冯德遐前往回访。见唐朝使者，松赞干布大悦，听说突厥及吐谷浑皆与唐联姻，得尚唐朝公主，乃遣使随冯德遐至唐，多赍金宝，奉表求婚。太宗并未答应这门亲事。求婚使者返回后面告赞普，是吐谷浑使者从中离间造成的。松赞干布闻之大怒、遂与羊同联合，发兵以击吐谷浑。吐谷浑不支，遁于青海湖以北，以避其锋，其国人畜均为吐蕃所掠。吐蕃并未善罢甘休，仍进兵攻破党项、白兰诸羌，率其众二十余万，屯松州（今四川省松潘县）西境。遣使贡金帛，宣称要来迎公主，对其属部说："若大国不嫁公主与我，即当入寇。"遂进攻松州。都督韩威派遣轻骑侦察敌情，不仅没有得手，反而被发现、被挫败，唐朝边民大受其扰。太宗遣吏部尚书侯君集为当弥道行军大总管，右领军大将军执失思力为白兰道行军总管，左武卫将军牛进达为阔水道行军总管，右领军将军刘兰盼为洮河道行军总管，率步骑五万以击之。牛进达派先锋军自松州夜袭其营，斩首千余，松赞干布大惧，兼之大臣厌战，竟然有八人先后自杀，以尸相谏。松赞干布遂退兵，遣使向唐朝谢罪，再次请婚，

阎立本所绘《步辇图》（局部），内容为禄东赞拜见唐太宗的场景。

太宗许之。大相噶尔·东赞宇松接受赞普之命，到唐朝首都长安（今陕西省西安市）致礼，献金五千两，另有其他珍宝器物数百件。[67]

禄东赞到唐朝为赞普松赞干布求亲的历史场景被唐代著名画家阎立本绘制为《步辇图》。据说该图的绘制参考了昭陵六骏的雕刻，栩栩如生地反映了贞观十四年的珍贵场面。《步辇图》现存画作被认为是宋朝摹本，藏于北京故宫博物院，绢本，设色，纵38.5厘米，横129.6厘米，被称为"中国十大传世名画"之一。

晚期藏文史书对文成公主进藏有十分详细且充满文学色彩的描述。如《王统世系明鉴》记载，松赞干布命令大臣噶尔·东赞宇松携带七枚金币、一升金沙、一副镶嵌有朱砂宝石的铠甲、信函，在一百余骑的陪伴下于阳火猴年四月八日上路。随行的还有吐蕃文臣吞弥·桑布扎、止塞如恭敦（vbri-se-ru-gong-ston）等，他们一行经过长途跋涉来到唐朝京师长安唐太宗居住的京师吉祥万门宫（zim-shing-bkra-shis-khri-sgo），长安城的宏伟建筑令其大为惊异。城中居住着十万户人家，每条街道约有一日的行程那么长，整个城市有四座城门，守卫森严，让人临而生惧。据说当时有多国使者向唐朝求亲，其中包括印度法王（rgya-gar-chos-kyi-rgyal-po）、格萨尔军

---

[67]《旧唐书》卷一九六上《吐蕃上》；《新唐书》卷二一六上《吐蕃上》。

王（ge-sar-dmag-gi-rgyal-po）、大食财宝王（stag-gzig-nor-gyi-rgyal）和巴达霍尔王（bha-ta-hor-gyi-rgyal-po）的大臣百人百骑。[68] 这种说法反映了三点事实：其一，唐朝是当时国际文化交流的中心之一，吸引着当时各国的视线；其二，与唐朝往来的各国都有其显赫非凡的优势，让吐蕃难以比拟；共三，联姻是当时唐朝与周边地区和国家加强政治、经济和文化联系的重要方式。

然而，唐太宗决定用智力测试来选择夫婿，吐蕃使者噶尔·东赞宇松以其聪明才智顺利通过"五难婚使"或者"七难婚使"的测试，为松赞干布成功迎娶到文成公主。

吐蕃使者开始并不占优势，唐太宗认为佛法出自印度，慈恩浩大，倾向于把公主许嫁给印度法王；皇后爱财，希望公主嫁给大食财宝之王；王子尚武，希望公主嫁给巴达霍尔王；公主则希望能嫁个英俊的王子，言下之意是嫁给格萨尔军王；唯独吐蕃王子无人中意。尽管如此，最后皇帝还是发话了：我对你们各位婚使并无亲疏之分，只希望公主能嫁给聪明睿智的王子，以斗智来决定女儿终身大事。据《王统世系明鉴》《贤者喜宴》等书的记载，噶尔·东赞宇松通过了唐太宗的七关智力测试：

第一关：丝绸穿玉孔。拿出一块如盾牌大小的翠玉，一孔在正中，一孔在侧面，孔中还曲折如藤条，将一条丝绸从孔中穿过。其他四位婚使来自势力强大的王国，优先获得测试的资格，但是他们无论怎么用心用力，终究无法解决难题。聪慧的噶尔·东赞宇松则用一只大蚂蚁予以破解，他将一条丝线拴在蚂蚁腰部，再将丝线缝在丝绸上，让蚂蚁从正面孔中进入，然后手拿丝绸往里面吹气，蚂蚁从侧面孔里爬出，噶尔·东赞宇松把丝线解下，缓缓抽过，丝绸随着丝线从玉孔中穿过，获得成功。接下来，太宗皇帝又出了多道难题测试各位婚使。

第二关：在规定的时间内喝完一百坛酒，吃完一百只羊肉，并

---

[68] 萨迦·索南坚赞：《王统世系明鉴》（藏文本），第97-98页；萨迦·索南坚赞：《王统世系明鉴》，陈庆英、仁庆扎西译注，第78页。

把羊皮鞣好。噶尔·东赞宇松要求吐蕃使臣们每人杀一只羊，分别剥皮，把肉堆集在一起，羊皮堆集在一起，将肉切成小块，蘸上食盐吃，让一百名使者按顺序一边小口小口地呷酒，小块小块地吃肉，一边鞣皮子，边干活边消化。不到一天，吐蕃的使臣们就把酒喝完了，肉吃净了，皮子也搓鞣好了，顺利通过测试。

第三关：辨认百匹母马和马驹的母子关系。噶尔·东赞宇松把母马和马驹分开关起来，一天之中，只给马驹草料，不给水喝。次日，当众马驹被放回马群之中，它们口渴难耐，很快便找到了各自的母亲吃奶，由此便轻而易举地辨认出它们的母子关系。

第四关：辨别百只母鸡与小鸡的母子关系。噶尔·东赞宇松把鸡赶到广场上，撒了很多食料，把母鸡和小鸡一起吸引过来，于是母鸡小鸡成对觅食，在母鸡项下来回觅食的小鸡便是其子，母子关系一目了然。

第五关：分别一百段松木的根与梢。其他四方婚使无法辨别，噶尔·东赞宇松则将木头全部运送到河边，投入水中，木头根部略重沉入水中，而树梢那边较轻都浮在水面，木头根梢清晰可见。

第六关：夜晚出入皇宫不迷路。一天晚上，皇帝在宫中宴请各地使臣，宴会结束时天色已黑，皇帝让大家各自寻路返回住所，能找到自己住所者，方可获娶公主。面对复杂的宫门和曲折的路线，其他四方婚使狼狈不堪，有的误入别人家中，有的找不到门径而露宿街头。聪明的噶尔·东赞宇松在跟随进宫时就十分留心，为防止迷路，他每到一个宫门就在门上涂上颜色作为标记，返回时有色彩标记指引，遂得以轻松返回自己住处。

第七关：众美女中辨认公主。最后一项测试是从300名盛装的美女中辨认出公主来，而且唐太宗李世民及诸部大臣来到殿前亲自主试。当衣着华丽、相貌仿佛的300名美女出现时，轻盈、婉丽、秀美的女子们让人眼花缭乱。印度、大食、格萨尔、巴达霍尔的使者按次序分别领走了两名美女，但都不是公主。噶尔·东赞宇松通过与侍奉过公主的女店主搞好关系，并赠其一升金沙作为礼物而赢得协助。女店主告诉噶尔·东赞宇松公主的长相和在美女队列中的位置：公主身上有扑鼻的香气，常有一只碧玉蜜蜂萦绕她左右；她的右面颊上有贝壳纹、左面颊有莲叶纹，而额间的朱砂痣上有度母像；牙齿上有白点，下颌有迭肉（大约是肥胖的样子）。在队列中，公主既不在队伍尾部，也不在中间，而是在左起的第六个人之前。有了如此详细的指点，噶尔·东赞宇松得以轻松找到公主，最终完成长安请婚的艰巨任务。[69]

智力测试完毕，唐太宗非常高兴，将美丽多才的文成公主许婚于吐蕃首领松赞干布，噶尔·东赞宇松既完成了请婚使命，也赢得了聪明睿智的名声。在拉萨大昭寺和布达拉宫内，反映唐蕃联姻、文成公主入藏这一千古佳话的壁画至今完好地保存。

虽然上述描述充满了文学色彩，但真实的历史记载也表现了噶尔·东赞宇松的卓越智慧。汉文史料记载，噶尔·东赞宇松"始入朝，占对合旨，太宗擢拜右卫大将军，以琅邪王公主外孙妻之。禄东赞自言：'先臣为聘妇，不敢奉诏。且赞普未谒公主，陪臣敢辞！'帝异其言，然欲怀以恩，不听也。"[70]讲原则，守臣节，说明噶尔·东赞宇松不辱使命是不争的事实。汉藏文史书都反映了禄东赞的机智和沉稳，表现出杰出吐蕃大臣的形象。女店主的形象大概来自史料中的"段氏"，文成公主身材并不苗条，下颌还有赘肉，反映了唐代仕女以丰腴为美的审美观念，并非没有根据的编造。

贞观十五年(641)，唐太宗以宗室女文成公主许嫁松赞干布，并命令礼部尚书、江夏郡王李道宗主婚，持节送文成公主至吐蕃。松赞干布十分重视这件大事，亲自率兵至柏海（今青海扎陵湖）迎接。见到李道宗，松赞干布恭敬地行子婿之礼。他感叹唐朝服饰礼仪之美不负盛名，觉得吐蕃的服饰过于简陋，礼仪有待完善，下决

---

[69] 萨迦·索南坚赞：《王统世系明鉴》，陈庆英、仁庆扎西译注，第80-87页；巴卧·祖拉陈瓦：《贤者喜宴——吐蕃史译注》，黄颢、周润年译注，第58-60页。

[70] 《新唐书》卷二一六上《吐蕃上》。

心要学习唐朝的相关制度。后来他将文成公主迎至吐蕃后，便开始大兴土木，建筑城邑，立栋宇供公主安居。[71]

松赞干布和文成公主在今青海的扎陵湖一带结亲，当时这一地区是在吐谷浑的辖区范围，唐、吐蕃和吐谷浑三方出现团结、和睦的局面，婚礼应该是在十分美好的气氛中进行的。但是，人们不禁要问，为什么成婚之后松赞干布没有陪同文成公主一行返回拉萨，而是独自先行呢？事实上，这与吐蕃内部的兄弟争权有密切的关系。《敦煌本吐蕃历史文书》（P.T.1288号）记载："兄赞普松赞（srong-rtsan）与王弟赞松（btsan-srong）失睦，王弟……恼怒，王弟赞松驻于聂之森（mnyals-gyi-gsen）地方……赞蒙（btsan-mo）文成公主由噶尔·东赞宇松（mgar-stong-rtsan-yul-zung）迎至吐蕃之地，杀泥婆罗（bal-po）之宇那古蒂（yu-sna-kug-ti），立那日巴巴（na-ri-ba-ba）为王。"[72]松赞干布在河源成亲之后匆匆离开，返回吐蕃的主要原因应该是为了解决与弟弟的争端和冲突。[73]其实，泥婆罗内部的王权争夺也可能影响到吐蕃的内政，两者交织迫使松赞干布迅速返回拉萨以处理严重纷争，安定政局。

文成公主入藏是西藏边疆与祖国内地关系史上的一件大事，对吐蕃社会文明的发展进步产生了巨大的影响。据藏文史书记载，文成公主入藏携带大批物品、物种、书籍等，包括大量珍宝、镶嵌有金玉的经史典籍，饮食日用的炊具茶具，黄金宝鞍、碧玉马镫，特制的狮子锦缎、八鸟图绸子，可供公主使用一生的绫罗绸缎及华美无比的各色衣服两万件，汉地卜算书籍300卷，工艺书籍60种，治疗404种疾病的药品与百种医学诊断书。

在佛教方面，文成公主带去了释迦牟尼十二岁等身佛像一尊，该佛像至今仍供奉于大昭寺内。文成公主还带去佛经360部，促成

---

[71]　《旧唐书》卷一九六《吐蕃上》；《新唐书》卷二一六上《吐蕃上》。

[72]　《敦煌本吐蕃历史文书》（增订本），王尧、陈践译注，第145页。

[73]　陈庆英：《关于松赞干布河源迎亲》，《中国藏学》2014年第4期。

文成公主带进西藏的乐器"古三十六弦琴"

了佛教在吐蕃的兴起。随文成公主入藏的有 25 位宫女及 600 名侍者（一说是 500 名 20 出头的武士和 500 名年方 16 岁的妙龄少女同行[74]），还包括不少工艺匠人。[75] 吐蕃使者在护送文成公主返回拉萨途中，要翻越大山，涉过深水，接受重重考验，但是他们也不乏开心之事。离开长安后，当大家休息时，文成公主礼佛，吐蕃使臣们则自行其乐：有的聊天，有的赛马，有的射箭，有的举石，有的赛跑，有的角力，有的玩牌，有的下棋，有的唱歌，娱乐戏耍，各随其好。在康区丹玛（khams-su-ldan-ma）地区的一处青石崖壁上，

[74] [印度] 阿底峡尊者发掘：《西藏的观世音》，卢亚军译注，第 178-179 页。
[75] 萨迦•索南坚赞：《王统世系明鉴》，陈庆英、仁庆扎西译注，第 91-92 页。

文成公主勒石刻写了《广论卷首》（gyas-pavi-dbu-dum）和《普贤行愿》（bzang-po-spyod-pavi-smon-lam）等经文，在恰都朗纳（bya-dur-glang-sna）地方修造了一尊80肘高（肘，古代用肢体计量长度的单位，一肘约为1.8尺，一说1.4尺）的释迦牟尼佛像。[76]沿途文成公主还和当地百姓亲密接触，教授吐蕃农牧民掌握先进的生产技术，诸如驯鹿耕田，教民稼穑，并在朗珠堆塘（glang-gru-dus-thang）营造水磨。有时还迷路，徘徊在深山峡谷之中，[77]故而行程缓慢，最后到达逻些（拉萨）。

为迎接文成公主入藏，松赞干布让大臣噶尔·东赞宇松做了精心准备。噶尔·东赞宇松传令拉萨官民一起参加到迎接文成公主的行列之中。卫藏四茹上至达官贵人，下至平民百姓，皆闻风而动，将条条道路整修平整。拉萨城中，男女老少都穿着新衣，蜂拥到公主和其所携释迦牟尼佛像即将经过的路口。拉萨附近的人们均说他们看到文成公主进城的情景：南边的人说公主自止普（grib-phu）河阴而来；东面的人说公主从噶尔那董（mkhar-sna-mdong）吉曲河渡江来，故此地名叫汉女渡口（gya-mo-rab-kha）；北面的人说她们在郭普（sgo-phu）村，故这里又名拉斯（lha-bsri）村，又名迎神村；西面的人说公主从堆龙沟（stod-lung-mdav）经过栢瓦园（sbal-ba-tshal）石山和珠松（gru-gsum）沙丘来。[78]这反映了拉萨藏人爱戴文成公主，并渴望见到她的迫切心情。

文成公主的到来为拉萨宫室和寺庙的修建发挥了巨大作用。她在大昭寺的选址和勘察设计方面均担当关键性的角色，并亲自主持小昭寺的设计和建造，她把唐代中原地区的建筑风格和技术带到吐蕃，成为有文献记载以来吐蕃学习借鉴内地建筑工艺技术

---

[76] [印度]阿底峡尊者发掘：《西藏的观世音》，卢亚军译注，第182页，第184页。

[77] 同上书，第184页。

[78] 萨迦·索南坚赞：《王统世系明鉴》，陈庆英、仁庆扎西译注，第99页。

的滥觞。后来，又有大批技术人员以不同途径进入吐蕃，大大改变了吐蕃地方技术落后的状态。茶叶和瓷器制作技术也在文成公主入藏后传入。

以文成公主入藏为契机，松赞干布积极推进学习中原文化的进程。他派酋豪子弟进入长安国子监学习《诗》《书》，又请唐朝内地识文之人典其表疏，不断密切吐蕃与唐朝的关系。文成公主不喜欢吐蕃人赭面，松赞干布令罢之，满足公主的心意。他带头表率，自释毡裘，袭纨绮，渐慕华风。太宗伐辽东凯旋西归长安，松赞干布即派噶尔·东赞宇松献金鹅祝贺。

唐朝对吐蕃学习中原文化与技术的热情，予以积极支持。高宗即位后，授松赞干布驸马都尉，封西海郡王，并赐绸缎2000匹。松赞干布遣使献金银珠宝15种，请置太宗灵座之前。"高宗嘉之，进封为賨王，赐杂彩3000匹。蕃使请蚕种及造酒、碾、硙、纸、墨之匠，并许之。"[79]

文成公主不仅在佛教传入吐蕃，布达拉宫、大小昭寺建造、传播科技和中原文明等方面发挥了特殊作用，而且在吐蕃与唐朝之间沟通感情、促进人员往来方面扮演着关键角色，甚至对于加强唐朝与南亚地区的联系也起到了推动作用。唐太宗贞观二十二年（648），唐太宗派王玄策出使天竺，王玄策路经吐蕃，看望文成公主。接着，唐朝僧人玄照于唐高宗永徽元年（650）前往天竺，"到吐蕃国，蒙文成公主送往北天……（归国途中）路次泥婆罗国，蒙国王发遣，送至吐蕃，重见文成公主，深致礼遇，资给归唐。"[80] 由此不仅形成了繁荣的唐蕃贸易通道，而且也促进了通往天竺的蕃尼道的繁荣。除了玄照等人取道吐蕃前往天竺之外，"复有二人，在泥婆罗国，是吐蕃公主（此指文成公主）奶母之息也。初并出家，后归俗。住

---

[79] 《旧唐书》卷一九六上《吐蕃上》。

[80] 义净：《大唐西域求法高僧传校注》，王邦维校注，北京：中华书局，1988，第10页。

唐蕃古道

天王寺，善梵语并梵书。年三十五、二十五矣。"[81] 陪同文成公主入蕃的奶妈在吐蕃生有两个儿子，早年都出家为僧，后来一个儿子还俗，另一位住在泥婆罗天王寺，年龄分别在35岁、25岁左右，熟练掌握了梵语和梵文。他们为什么离开了吐蕃离开了文成公主而到了泥婆罗？史书没有交代，也可能是潜心求法促使他们到泥婆罗定居下来。作为既普通又特殊的一对兄弟，他们的故事肯定很传奇，可惜淹没在历史之中。

　　文成公主入藏以后，唐朝和吐蕃之间形成了崭新的"舅甥关系"，并深刻地影响两地百姓的生产生活，吐蕃与唐朝之间的朝贡贸易获得长足发展，也使吐蕃有机会参与当时繁荣的丝路文化交流。吐蕃一直在寻求与唐朝开展贸易的机会，这种贸易以输入唐朝丝绸等物和相应地输出吐蕃土特产品为主要内容，它在吐蕃王朝的经济活动中占有相当大的比重。

　　在西藏民间故事和传说中，至今还把许多发明创造归功于文成

---

[81]　义净：《大唐西域求法高僧传校注》，第65页。

公主，有些是历史事实，有些则是虚构的，前者来自史书，而后者来自人们对文成公主的热爱，或者把她看作是给吐蕃带来巨大影响的中原或唐文化的象征。

藏史称，文成公主入藏前夕即向禄东赞了解西藏有无桑树、马兰草、蔓菁等物种，入藏时便带上西藏缺少的蔓菁等植物种子。进入藏区后，她一路传授内地先进耕作技术，如玉树地区流传着文成公主经过时教授修建并使用水磨的故事。水磨的安设，使粮食加工迈上一个新的阶梯，人们可以做成较前更精细的食品；造纸术的传入，为创立未久的藏文字的成熟与推广注入巨大的活力。吐蕃时代的遗物还包括许多从内地输入的"唐纸"，日喀则的铜匠自述其祖师为文成公主，木匠称其技术学自文成公主，山南农民称"二牛抬杠"的耕作方式是由文成公主传入的。民间盛赞文成公主教民种植青稞，以及酿酒、制作奶酪的技术；甚至说青稞、蚕豆等均是文成公主从内地带去的。青稞为高原独有的物种，并非传自内地，藏族民间将其归功于文成公主，意在歌颂公主改革吐蕃农作物生产技术、引进新植物品种的功德。

后世藏文史书中保留松赞干布写给唐朝皇帝的信，其中提到了囊日伦赞时期吐蕃经济的发展："我父王囊日伦赞在蔡邦山得到金，在拉多（lha-stove）山获得银，在北方拉错湖（bla-mtsho）获得盐，在昌布（vpheng-po）山获得铜，在热噶（ra-ga）岩石中获得铁……"[82]早期矿业和金属冶炼业在这一时期获得长足发展。相传，文成公主到达西藏后，堪舆拉萨地形，发现"此地还有四大矿藏，即：杜岱热噶岩山（dog-sde-ra-gavi-brag）铜矿，夺德郭普（dog-te-sgo-phu）铁矿，拉冬（la-dong）山银矿和铁围山（lcags-kha-ri）金矿"。[83]

关于文成公主，藏文史书有许多脍炙人口的传说，大都称颂其对西藏百姓生产生活和文化进步所作出的卓越贡献，但也有一些诋

---

[82] [印度]阿底峡尊者发掘：《西藏的观世音》，卢亚军译注，第156-157页。

[83] 同上书，第213页。

毁之辞。《柱间史——松赞干布的遗训》曾批驳："有些六根不净之徒诬陷说，后世吐蕃之地妇道日渐衰微，其端倪始于文成公主，说文成公主曾与大臣噶尔·东赞宇松私通，她在入蕃途中身怀六甲，自知没脸尽早去见赞普，故在胎儿足月降生之前，只好在途中耽延时日。然而，在诸佛与众菩萨的眼中，呈现出的则是世尊亲临雪域吐蕃的吉祥景象。"[84] 苯教徒把文成公主从内地带来佛像并传播佛教作为主要攻击目标之一，认为佛教在内地流行给内地制造了诸多灾难，传入吐蕃带去灾害和诸多乱象，甚至导致赞普松赞干布早逝，因此是不吉祥的。他们还试图将供奉在小昭寺、来自内地的释迦牟尼十二岁等身佛像送回中原。[85]

到吐蕃王朝末期，朗达磨（赤乌东木赞）赞普灭法时，他曾经下诏宣布：文成公主带来的释迦牟尼塑像是印度妖魔的像，印度军队因此打败仗，带到汉地后发生许多不吉祥的事。文成公主把它带到吐蕃后，吐蕃也发生不吉利的事。文成公主乃是魔女，她借着为吐蕃观测地势风水，把吐蕃好的风水处说成是坏的而加以毁坏，并且想让汉人夺去吐蕃江山。因此，要消灭佛教和寺院，让僧人们还俗回家。[86] 从这里我们可以看到，无论是苯教势力的攻击还是朗达磨的灭法活动，均把毁灭佛教与诋毁文成公主结合在一起，因为文成公主在佛教传入吐蕃和在吐蕃弘扬过程中发挥过重要作用，毁佛灭法的同时必然要污蔑丑化文成公主。

《旧唐书》记载："贞观十五年，太宗以文成公主妻之，令礼部尚书、江夏郡王道宗主婚，持节送公主于吐蕃。弄赞率其部兵次

---

[84] [印度]阿底峡尊者发掘：《西藏的观世音》，卢亚军译注，第183-184页。

[85] 韦·囊赛：《〈韦协〉译注》，巴擦·巴桑旺堆译，拉萨：西藏人民出版社，2012，第4页。

[86] 阿旺·洛桑嘉措（即五世达赖喇嘛）《西藏王臣记》，郭和卿译，北京：民族出版社，1983，第74-75页；东嘎·洛桑赤列：《论藏文文献目录学·西藏政教合一制度》，陈庆英译，北京：中国藏学出版社，2001，第22页。

柏海，亲迎于河源。见道宗，执子婿之礼甚恭。"《新唐书》也有类似记载。[87] 由此可见，唐朝送亲队伍一直把文成公主送到今青海河源地区的扎陵湖、鄂陵湖一带，并与松赞干布成婚。所谓公主婚前产子显然为谣言。

　　文成公主为什么到拉萨后有一段时间未能与松赞干布相会？藏文史料提到两个原因：一是赤尊公主的嫉妒和阻挠；一是包括噶尔·东赞宇松在内的吐蕃大臣认为唐朝皇帝怠慢吐蕃使者，公主对吐蕃后进状态有所歧视。他们发泄怨气，致使文成公主在进入吐蕃初期被误会。

　　《柱间史——松赞干布的遗训》记载，松赞干布听从噶尔·东赞宇松的建议，为了让文成公主开心并安心留在吐蕃，给她精心准备了盛大而隆重的入城欢迎仪式。当时，尼泊尔赤尊公主在铁山寝宫闻得鼓号喧天、人声鼎沸，便登高寻声观望，看见文成公主一行抵达赞普宫殿的东门草坪便前往，并以陪嫁多少进行言辞挑衅。文成公主的谦让反倒给赤尊公主留下盛气凌人的印象。她坚决反对松赞干布与文成公主见面，不管噶尔·东赞宇松在中间如何做劝说工作，依然再三阻挠。最后，内大臣那阐布、大臣噶尔·东赞宇松和吞弥·桑布扎等不得不再三奉劝赤尊公主："殿下修建佛殿（指大昭寺）事关重大，尚求文成公主堪舆……"赤尊公主思前想后，觉得众大臣所言或许有理，这才很不情愿地准许文成公主与松赞干布会面。[88] 这似乎暗示，彼时赤尊公主对松赞干布还是有相当影响力的，王妃之间的争宠直接影响到文成公主与松赞干布在拉萨的初次相见。

　　也有资料把松赞干布迟迟未能见到文成公主的部分原因归咎于噶尔·东赞宇松因不满文成公主嫌弃吐蕃落后且怠慢自己而进行报复。《王统世系明鉴》记载，"这时大臣噶尔也衔恨唐朝皇帝偏

---

[87]　《旧唐书》卷一九六上《吐蕃上》；《新唐书》卷二一六上《吐蕃上》。

[88]　[印度]阿底峡尊者发掘:《西藏的观世音》，卢亚军译注，第127-131页。

心歧视,公主的鄙薄吐蕃。"她和仆从的饮食起居都受到一定程度的影响,甚至以要返回唐朝相要挟。面对文成公主对吐蕃冷遇的抱怨,吐蕃大臣做了辩解,噶尔·东赞宇松更直言,自己前往长安迎亲过程中,"汉地的人都蔑视我们,除了女店主一人之外,没有一个同情我们的人,尤其是唐朝皇帝偏心,欺侮我们。就是公主你也是那么不喜欢蕃地使臣。"[89] 这说明,西上高原、出嫁吐蕃赞普对于长安宫廷长大的文成公主来说,也有一个思想认识和转化过程,这是很自然的,噶尔·东赞宇松因此而抱怨也符合常理。

甚至传说,当噶尔·东赞宇松与文成公主一起到拉萨时,他便留住文成公主,自己前去向松赞干布禀告,谎称文成公主虽然美丽但是鼻子上有一个瑕疵。而在文成公主跟前则说松赞干布闻起来很臭。当松赞干布见到文成公主时,公主出于礼仪用袖子遮住自己鼻子的举止,使赞普认同噶尔·东赞宇松的说法。后来松赞干布发现了真实情况,便决定惩罚大臣噶尔·东赞宇松。他命令将金粉和铁粉混在一起,要求噶尔·东赞宇松在阳光下区分开来,阳光下的金粉光线强烈,持久作用让噶尔·东赞宇松的眼睛失明。松赞干布还将噶尔·东赞宇松和他的儿子一起发配到安多。[90] 这个传说反映了赞普家族与噶尔氏之间的矛盾,乃至后来引发冲突。

通过上述藏文文献的相关记载,不仅可以发现诋毁文成公主的谬说的来源,也可认识到产生谬说的社会背景。

唐朝时期,唐蕃联系十分紧密,中原地区和青藏高原地区人员往来,乃至人口流动颇为频繁,不少中原汉人定居西藏地方。例如文成公主进藏,就有许多长安侍女和工匠随行前往拉萨,他们定居下来并融入当地。金城公主出嫁吐蕃赞普赤德祖丹,"帝念主幼,

---

[89] 萨迦·索南坚赞:《王统世系明鉴》,陈庆英、仁庆扎西译注,第105页。

[90] 布隆多(Anne-Marie Blondeau)、嘉措(Yonten Gyatso):《拉萨的传说和历史》(Lhasa — Legend and History);波玛特(Françoise Pommaret)编:《十七世纪的拉萨:达赖喇嘛的首府》,2003。

大昭寺中的文成公主塑像

赐锦缯别数万，杂伎诸工悉从"，[91] 应该与文成公主出嫁情况类似，随行人员众多。《柱间史——松赞干布的遗训》记载，在迎亲使者离开长安时，负责看管噶尔的四位力士因为未能尽责履职也紧随其后到了拉萨。据说，吐蕃现在的某些姓氏便是由他们传下来的。其中四名侍从所传姓氏为曾（vdzing）、王（wa）、司（gze）、乔（khyo），四名大力护卫所传姓氏为姬（rje）、张（brang）、孟（dmangs）、杜

---

[91]《新唐书》卷二一六上《吐蕃上》。

（gdul）。这说明，在当时吐蕃的腹心地区，即今拉萨一带有保持汉人姓氏的群体，而从这些姓氏来看，他们中的一些居然是唐朝都城及其附近地区的大姓或古老姓氏，如杜、姬等。

文成公主入藏还影响到吉地人兄妹通婚习俗的改变。《柱间史——松赞干布的遗训》记载："在汉妃文成公主尚未修建小昭寺（ra-mo-che）之前，赞普曾跟她商议过修建奔塘寺（vbum-thang-gi-gtsug-lag-khang）的事宜。他俩商量好后，赞普便去彭波（vphan-yul）去寻找工匠。当时，在彭波有一对不知姓氏的夫妇，生有郎才女貌的两男两女。兄妹四人长大以后，彼此相互倾慕却不能结为夫妻，备受廉耻烦恼的煎熬，但他们个个都是善于工巧的能工巧匠，当他们得知赞普要请他们去修建寺庙，便提出四个要求：一要不受（兄妹通婚）羞耻的制约；二要不再自己找其他活干；三要提前供给足够的口粮；四要配发披风等穿戴。这四个条件赞普都答应了。此后，兄妹四人和其他工匠一起，先后建造了奔塘寺、小昭寺、噶尔扎寺（mkhar-brag）、腾博古巴寺（them-bu-kog-pa）和棋苑寺（mig-mangs-tshal）等寺庙。在忙于修建寺庙期间，兄妹四人双双结为夫妻，生儿育女也忙得不亦乐乎。她们的孩子多得像漫山遍野的'吉'（kyi），以至长大成人被称为'吉人七庄'（七大庄落）。汉妃文成公主就说他们'乱伦恬不知耻，纵欲毫无节制，生下这许多子女就像遍地都是的吉（秦艽）。'这兄妹四人后代的姓氏因此被称作吉氏。"

当时来自苏毗的一位名叫嘎嘎日（ka-ka-ri）的苯教徒启奏赞普称，你请来的工匠兄妹乱伦亵渎了你的护法神，这将给你带来晦气并危及你的姓名，于是施展咒术，让吉人七庄皇皇不可终日，"可这样一来，吉人自家兄弟姐妹之间，不是急于出嫁，就是忙着娶亲，反倒人丁剧增，弄得乌如（dbu-ru）上上下下到处都是吉人。从此以后，吉人说吉雪河谷（lung-ba-dkyid-shod）是他们吉人居住的地方，故名乌如吉雪（dbu-ru-dkyid-shod），还说碧水河（gyu-chu-sngon-mo）是他们的饮水之源，故名吉曲河（kyi-chu-sngon-mo）。"

血缘婚姻面临的挑战，吉人部落为自己的血缘内婚姻辩护的理由，既有他们技能上的特殊优势，也有面对外部压力抱团维护其婚姻形态的因素，也为血缘内婚姻的吉人的命运留下一个暗淡的前景。"据说，后来吉人玛桑（ma-sang）家族的后代中，出了一个能眼观六路、耳听八方的男子。他自称：'当今赞普已驾崩，王子尚年幼。俟王子成年即位之前，我便是统领吐蕃天下的君王！'此人便是所谓的吉王赞巴（kyi-rje-btsan-pa），他后来被刺身亡，转生山妖（btsan），故又名吉俄隆赞（kyivu-rlung-btsan）。他娶胞妹为后，这位王后因溺水而死，故人称措曼王后（mtsho-sman-rgyal-mo）。"[92] 这些巧妙的安排，既反映了当时的社会生活的一端，也表现出吐蕃人婚姻制度的发展趋势，即从近亲结婚到杜绝血缘婚姻，以及人们对这种婚姻形态的再认识。

松赞干布去世后，文成公主在吐蕃地方独自生活了30年，她不能像嫁给吐谷浑王慕容诺曷钵的弘化公主那样，有机会返回长安与亲人相见。永隆元年（680），文成公主沾染黑痘症，因痘毒攻心而在逻些城病逝。吐蕃为她举办了隆重的葬礼，唐朝遣使臣前往吐蕃祭奠。

与高原各部首领联姻

根据《贤者喜宴》等晚期藏文史书记载，松赞干布共有五位王妃（一说有六位妃子）。为了生育王子，他先娶苯波女象雄妃赤尊（zhang-zhung-bon-povi-bu-mo-zhang-zhung-bzav-khri-btsun，一作象雄妃李媞曼 zhang-zhung-li-thig-sman）、木雅王（mi-nyag-rgyal-po）之女茹容妃洁莫尊（ru-yong-bzav-rgyal-mo-btsun，一作木雅妃 mi-nyag-bzav），均未生育子嗣。接着，松赞干布从堆龙（stod-lung）地方迎娶尚论之女蒙妃赤姜（Mong-bzav-khri-lcam，一作李姜吞萨

---

[92]　[印度]阿底峡尊者发掘：《西藏的观世音》（藏文本），第305-307页；
　　　[印度]阿底峡尊者发掘：《西藏的观世音》，卢亚军译注，第186-188页。

昌珠寺里的松赞干布和赤尊、文成两位王妃的塑像

赤尊 li-lcam-mthon-bzav-khri-btsun）。[93] 相传当时有预言谓，该王妃将为国王生育一个儿子。结果不出预料，经过九月又十天，蒙妃于阴铁蛇年在扎拉吉祥无量宫（brag-lha-bkra-shis-gzhal-yas-khang）生下一个继承王统、举世无双的王子，起名贡日贡赞（gung-ri-gung-btsan），王子周岁的喜宴举办得非常隆重，众人都十分喜悦。[94]

根据教法史料记载，松赞干布的几位王妃都信奉佛教。每位王妃作为施主均修建有神殿或寺院，象雄妃李媞曼主持修建了腾布郭巴神殿（them-bu-kog-pa-lha-khang）；茹容主持修建了查拉衮布神殿（brag-lha-mgon-po-lha-khang），她还在岩壁上勒石刻大日如来佛像并建立白塔、拉萨密芒园（lha-sa-mig-mangs-tshal）；蒙妃赤姜

---

[93] 巴卧·祖拉陈瓦：《贤者喜宴——吐蕃史译注》，黄颢、周润年译注，第63页。

[94] 萨迦·索南坚赞：《王统世系明鉴》，陈庆英、仁庆扎西译注，第127页。

主持修建了叶尔巴神殿（yer-pavi-gtsug-lag-khang）。[95]"松赞干布的上述三位后妃均系吐蕃女子，传说她们是三供养天女的化身。再后是白度母化身尼妃赤尊，她主持修建了拉萨幻显神殿（大昭寺上殿）；最后是绿度母化身汉妃文成赤尊，她主持修建了拉萨热莫切（ra-mo-che，小昭寺）。"[96]这里把这些王妃打扮成虔诚的佛教信徒乃至出家僧尼，在一定程度上偏离了客观事实。考虑到佛教通过尼泊尔赤尊和唐朝文成公主两位王妃传入吐蕃并在宫廷开始小范围传播的情况，其他王妃受到影响却也是有可能的。

松赞干布的五位王妃，除泥婆罗与唐朝公主外，其他三位都属于赞普王室与重要邻邦部落政治联姻的产物，反映出松赞干布时期军事扩张的对象与范围。史书称她们三位王妃为"吐蕃三人"，说明后世的藏族史家已经认同象雄、党项、李姜等部为吐蕃本族，这也是民族融合的反映。[97]

---

[95] 巴卧•祖拉陈瓦：《贤者喜宴——吐蕃史译注》，黄颢、周润年译注，第73页。

[96] ［印度］阿底峡尊者发掘：《西藏的观世音》，卢亚军译注，第230页。

[97] 张云：《古代藏族"四氏族""六氏族"传说的形成及其文化内涵问题》，载《翁独健先生百年诞辰纪念文集》，北京：社会科学文献出版社，2006。

6 建立各项制度

晚期藏文史书在概括松赞干布早期制度建设时指出,"松赞干布执政早期,将吐蕃划分为四茹(ru,翼),划定苏毗茹(sum-pavi-ru),将四部王纳入治下,在唐蕃边界设立哨卡,编定十二小邦为庶民奴户。由三尚四论组织吐蕃本部的盟会。由董氏(ldong)和东氏(stong)的千户部落镇守边疆,由直属千户各抽调360人为兵丁守边,恰弥(cha-mi)百户开荒屯垦。""松赞干布王在雅隆索卡召集悉补野王室治下的全体蕃人,规定秦瓦达孜为王宫,如意江布(dpag-bsam-gyi-lcang-bu)为王妃殿,羊堆昌昂扎囊(yang-stod-grang-nga-vbram-snang,今山南扎囊县)为诸王子殿。牛年夏四月胜星,金曜日时。"[98]如果该牛年的天干为铁,即松赞干布25岁时的铁牛年,也就是641年。

松赞干布进一步扩大征服规模,试图把整个青藏高原地区纳入占领范围,并把目光盯上了青藏高原的周边地区。根据《柱间史——松赞干布的遗训》的记载,松赞干布时期吐蕃王朝的范围并不十分辽阔。该书记载,"吐蕃雪域之国东与汉唐接壤,西与苏毗(sum-pa)、泥婆罗(bal-yul)、象雄(zhang-zhung)毗邻,北为李域(li)、霍尔(hor)和弥药(mi-nyag)等邦国。"[99]从这里的记载看,苏毗、象雄、弥药(党项)等似乎并不在吐蕃的辖区范围,或者一度脱离吐蕃王朝的管辖。也就是说,藏史中记载的六十一东岱中的"象雄东岱"(zhang-zhung-stong-sde)和"苏毗东岱"(sum-pavi-stong-sde)在松赞干布时代也许并未建立,后世史书记载的"五茹六十一东岱"也

---

[98] 弟吴贤者:《弟吴宗教源流》,许德存译,第122页。

[99] [印度]阿底峡尊者发掘:《西藏的观世音》,卢亚军译注,第195页。

许是松赞干布去世后,根据吐蕃征服青藏高原地区诸部的史实增补进去的。吐蕃占领诸部的重大军事活动都是在松赞干布去世后发生的,如征服白兰是在高宗显庆元年(656)十二月;显庆五年(660)发兵攻打吐谷浑,龙朔三年(663)吞并吐谷浑;乾封二年(667)破生羌十二州,一度控制西山八国羌部等。由此可见,吐蕃"五茹六十一东岱"的建制,其主体部分是在松赞干布时代建立的,但是也有一部分是后世逐渐完善的,既是吐蕃王朝进一步扩张的产物,又是为满足扩张的客观要求而建立的。

根据《弟吴宗教源流》记载,松赞干布所建立的功绩是多方面的,"执政早期划分四茹,定苏毗茹(sum-pavi-ru)为支茹,将受封的四部王纳入治下,在唐蕃边界设立哨卡;编定十二小邦为奴及庶民,父系六族为王服务,享受王的待遇;三尚一论等四位大臣总理中央事务,戍边千户镇守边界,三百六十喀东岱(khab-stong-sde,千户)为兵戍边;恰米(cha-mi)百户拓荒耕田;九堪七牧、七商人、驯奴、庶民为王服务。十类十部法律制度为吐蕃的总法,以五种诉讼法平息内部怨仇,以五种兵战胜外敌,以六种分位救护生命,以六六三十六法保护吐蕃稳定,以六称号做众生事业,用突(thul)计算牲畜数,用细绳丈量田地。七大贡论负责在河上架桥,开设山口进行贸易,调动军官带兵镇守边界,扩充千户部,严明纪律,依法行事。用十六条伦理道德法规范人们的行为举止,根据十善法律,指示善趣和解脱道。"[100]该书把作者认为属于松赞干布的业绩几乎全部罗列了出来。

确立职官体制与制度

后晋刘昫等所撰《旧唐书·吐蕃传》,对吐蕃职官制度的记载极为简略,让人不明就里,甚至还会产生误解,文称"其国人号其王为赞普(btsan-po),相为大论(blon-che)、小论(blon-chung),

---

[100] 弟吴贤者:《弟吴宗教源流》,许德存译,第122页,第253-254页。

以统理国事。""虽有官,不常厥职,临时统领。"显然没有准确反映松赞干布建立吐蕃王朝之后的情况,甚至也没有反映出此前应有的状况。

欧阳修、宋祁等所撰《新唐书·吐蕃传》就大不相同了,利用新的资料,特别是来自藏文的记载:"其俗谓强雄曰赞(btsan),丈夫曰普(po),故号君长曰赞普(btsan-po),赞普妻曰末蒙(btsan-mo)。其官有大相曰论茝(blon-che),副相曰论茝扈莽(莽为奔之讹,blon-chevi-vog-dpon),各一人,亦号大论(blon-chen)、小论(blon-chung);都护一人,曰悉编掣逋(spyan-ched-po);又有内大相曰曩论掣逋(nang-blon-ched-po),亦曰论莽热(blon-mang-bzher),副相曰曩论觅零逋(nang-blon-vbring-po),小相曰曩论充(nang-blon-chung),各一人;又有整事大相曰喻寒波掣逋(yo-gal-vchos-pa-ched-po),副整事曰喻寒觅零逋(yo-gal-vchos-pa-vbring-po),小整事曰喻寒波充(yo-gal-vchos-pa-chung):皆任国事,总号曰尚论掣逋突瞿(zhang-blon-ched-po-dgu)。"[101] 这与敦煌古藏文资料以及《贤者喜宴》等藏文史书中的记载基本符合,[102] 反映了较晚时期,甚至是八世纪初期、中期的吐蕃的职官情况[103]。现在要从中厘清松赞干布时期与更晚时期职官的细致分别已非易事。

藏文资料反映出吐蕃王朝的最高职官划分为三个系统,即贡论(dgung-blon)、曩论(nang-blon)和噶伦(bkav-blon,喻寒波),各有大中小三级,合称九大臣。

不同系统各有职责:贡论大臣行事如同家长或丈夫,负责承担外部事务,决断重要大事;曩论大臣如同主妇操持家务,处理内部事务;噶伦大臣要做到赏罚分明,负责司法审判,即使是仇敌之子,只要做了好事就要予以奖赏,对于恶人,即使亲生之子,做了坏事

---

[101]《新唐书》卷二一六上《吐蕃上》。

[102] 巴卧·祖拉陈瓦:《贤者喜宴——吐蕃史译注》,黄颢、周润年译注,第36页。

[103] 林冠群:《吐蕃尚论掣逋突瞿考释——〈新唐书·吐蕃传〉误载举隅》,《中国藏学》2008年第3期。

也要加以处罚。三者大致分别处理对外重大事务，特别是军事、内政大事、司法审判等。

法律对这些位高权重的九大臣明确予以特殊保护，确立了高额命价：大贡论是辅佐赞普治理国家的最高宰臣，如果杀死大贡论，赔偿命价为黄金一万一千两；中贡论（副贡论）、大囊论的命价为黄金一万两；小贡论、副囊论和大噶伦的命价标准为黄金九千两；小囊论、副噶伦的命价标准为黄金八千两；小噶伦的命价标准为黄金七千两。

九大臣因职位系统和高低的不同，分别获得不同的告身（即章饰）。告身制度是社会身份的标志，也是社会等级的标志。《新唐书·吐蕃传》记载，"其官之章饰，最上瑟瑟，金次之，金涂银又次之，银次之，最下至铜止，差大小，缀臂前以辨贵贱。"

大贡论所获告身是大瑟瑟；中贡论（副贡论）、大囊论的告身是小瑟瑟；小贡论、副囊论和大噶伦的告身是大金字；小囊论、副噶伦的告身是小金字；小噶伦的告身是颇罗弥（vphra-men）。[104]

《弟吴宗教源流》提供了告身丰富、详细的内容，包括六大告身、六中告身和六小告身："六大告身，即大小瑟瑟告身、大小金字告身、大小颇罗弥告身，分别授予御前密咒师、噶伦、大长老、佛法轨范师、上下部臣僚、中央贡论。六中告身，分别授予赞普身前的苯教师、司寝官、向导官、半夜施火者（宫廷侍卫）、司牧官（野外牧牛者）、勘舆官（byang-thang-gi-sa-mkhan，羌塘地区的引路人）。六小告身，银字告身二十一种（缺字），授予镇守边关的官员和守城官员；黄铜告身十七种，授予父系六族；青铜告身授予九小王和管理政府牲畜的七牧官；红铜告身一百〇一种，授予千夫长和岱本等；铁告身授予勇士；刻有波纹的白色木告身授予三百六十比多（vbig-to）部和四门部落（mon-sde-bzhi）平民。"[105] 也有两分法，

---

[104] 弟吴贤者：《弟吴宗教源流》（藏文本），第263页；弟吴贤者：《弟吴宗教源流》，许德存译，第127页。

[105] 弟吴贤者：《弟吴宗教源流》（藏文本），第266-267页；弟吴贤者：《弟吴宗教源流》，许德存译，第129页。

即将大小玉（瑟瑟）、大小金字和大小颇罗弥告身称为"六大告身"，将银、黄铜、青铜、铜、铁、水纹木告身称为"六小告身"。[106] 通过军功等可以获得奖励，改变身份地位，提高告身等级。

通过命价和所获告身的高低差异可以看到，三大系统的地位并不相同，贡论系统地位最高，囊论次之，噶伦再次之。

在朝廷高官之下则有七官：一是地方官（yul-dpon），其职责是维护地方法律的贯彻，即为法律的监护、守护者。二是将军（dmag-dpon），其职责是带兵打仗，运用兵法、利器并快速反应制服敌人，保家卫国。三是齐本（chibs-dpon，车骑长），其职责是为国王出行备鞍引路。四是岸本（rngan-dpon，度支官），其职责是管理青稞、羊、金、银等财物，即收入开支。五是岱本（sde-dpon，部落长），其职责是管理村落、部落事务。六是楚本（phru-dpon，管牲畜官），其职责是管理牧区的牛、马、羊等牲畜饲养与繁殖。七是昌本（drang-dpon），其职责是管理公正执法，或者担任寺院轨范师（阿阇梨）的管家[107]。由此可见，吐蕃王朝早期的职官体系十分简略，只涉及民政、军事、经济、法律和宗教等几个方面。

"茹"是吐蕃军民合一制度的基本行政框架和社会组织形式，除了最突出的军事功能之外，还有民事和社会管理功能。根据晚期资料记载，卫藏四茹分别设有16位官员，管理辖区内部各项事务。

茹拉茹16位官员在以下地区各安置一名：芒域（mang-yul）、聂拉木（snya-nam）、巴切（dpav-chad）、昌索（drang-so）、仲隆（grom-lung）、夏隆巴（shab-lung-pa）、色隆巴（srad-lung-pa）、娘达隆巴（myang-mdav-lung-pa）、赤塘巴（khri-thang-pa）、塘昌（thang-vbrang）、努波（nul-po）、宇隆巴（gyu-lung）、东隆巴（dung-lung-pa）、年堆巴（myang-stod-pa）、格桑隆巴（gad-sram-lung-pa）、巴绒（sba-rongs）。

---

[106] 弟吴贤者：《弟吴宗教源流》（藏文本），第255-256页；弟吴贤者：《弟吴宗教源流》，许德存译，第123页。

[107] 弟吴贤者：《弟吴宗教源流》（藏文本），第266页；弟吴贤者：《弟吴宗教源流》，许德存译，第128页。

叶茹16位官员在以下地区各安置一名：降浦（byang-phug）、桑桑（zang-zang）、桑噶（zangs-dkar）、东隆（dung-lung）、德隆（gdeg-lung）、吉隆（bgyid-lung）、夏隆巴（bshag-lung-pa）、切隆巴（vbyad-lung-pa）、达那隆巴（rta-nag-lung-pa）、先塔（zhan-thag）、措娘（mtsho-nyang）、达努（rta-nu）、藏雪（gtsang-shod）、伍由（vo-yug）、尼木（snye-mo）、察雅（dgra-yag）。

卫茹（一作伍茹）16位官员在以下地区各安置一名：堆龙（stod-lung）、隆雪（klung-shod）、墨竹（mal-gro）、当雄（vdam-shod）、萨格（za-gad）、热噶夏（ragasha）、瓦朗（ba-lam）、恩兰（ngan-lam）、昌域（brang-yul）、韦德（gbul-sde）、赛曲水（gzad-chu-shul）、昌波（vphrang-po）、嫩隆巴（gnon-lung-pa）、桑拉（gsang-la）、查荣（brag-rum）、彭域（vphan-yul）。

约茹16位官员在以下地区各安置一名：昂热（nga-rabs）、工布（gung-po）、康瓦（gang-ba）、雅尔达（yar-mdav）、青垅（vchings-lung）、章昂（greng-nga）、若巴（rog-pa）、洛若（lo-ro）、边坝（ban-pa）、达舒（stam-shul）、科亭（kho-mthing）、查隆（brag-lung）、多雄（dol-gzhung）、查隆巴（gra-lung-pa）、卡索（khab-so）、羊卓南松（ya-vbrog-rnam-gsum）。[108]

也许当时的管理并非严密划一，但是也足以说明当时在不同茹的不同重要居民点设立了相应的机构和管理人员，并行使着军政管理，这个已经足够了。

建立行政区划

松赞干布建立吐蕃王朝初期，通过会盟形式与各部贵族结成利益联合体，同时采取分封的方式满足军功贵族的利益需求，并安抚归附贵族，逐渐形成了十八个大的行政单位，《贤者喜宴》等藏文

---

[108] 弟吴贤者：《弟吴宗教源流》（藏文本），第256-258页；弟吴贤者：《弟吴宗教源流》，许德存译，第124页。

史书记载了吐蕃早期存在的十八个区域及包括赞普王室在内的各个管理者家族，它们被认为是松赞干布时期的行政区划。它们是：卫茹雪钦（dbus-ru-shod-chen，拉萨河流域）是赞普主管区；乃切宫（pho-brang-sde-che，今乃东）为赞普王民区；雅隆索卡（yar-lungs-sogs-kha，今山南泽当）为库（khu）、尼雅（gnyags）二氏地；羊卓（ya-vbrog）为岗钦古仁（gang-khyim-ku-rings）五部地；青昂青城（vching-nga-yul，今琼结）为桂（mgos）、努布（gnubs）二氏地；恰乌（bya-vug）驿站为章王帕阿（drang-rje-pha-lnga）之地；柴（brad）与雄巴（zhong-pa）为那囊氏（sna-nam）之地；上下查荣（brag-rum-stod-smad，今日喀则）为蔡邦氏（che/tshe-spong）封地；上下藏（gtsang-stod-gtsang-smad，今拉孜一带）为没庐氏（vbro）、琼布氏（一作琼保氏，khyung-po）之地；隆雪那布（klungs-shod-nam-po，今墨竹工卡）为祝氏（vdru）、秋仓（phyugs-mtshang）之地；彭域千户（vphan-yul-stong-sde）为卓（sgro）、玛（rma）二氏地；娘若仲巴（nyang-ro-grom-pa）为哲（vbre）、杰（lce）二氏地；香（shangs）与列（gle）为齐日（phyi-ri）、列氏（gle）之地；大小雍瓦（yung-ba-che-chung）为阐卡氏（bran-ka）封地；夏格三部（zha-gad-sde-gsum）为论波贝氏（blon-po-sbar）封地；囊热恰贡（nam-ra-chag-gong）为程（vbring）、恰（chag）二氏地；当雪噶莫（vdam-shod-dkar-mo）为恰（phya）、热（rwa）二氏地；多康多钦（mdo-khams-mdo-chen）为八个武士东岱（rgod-la-stong-sde-brgyad）的驻地。[109] 这些地区在赞普和大小不等的贵族控制之下，成为吐蕃王朝有机组成部分。

随着松赞干布军事扩张的展开，吐蕃王朝的辖区不断扩大。由于军事扩张的成功及加强赞普王权的需要，松赞干布对行政管理体制进行改革，其核心是加强中央王权，特别是赞普集权，将原有的十八区调整为几个大的"茹"（ru），在"茹"之下，按照吐蕃部落组织建立"千户"或者"千人部"的"东岱"（stong-sde），实现了

---

[109] 巴卧·祖拉陈瓦：《贤者喜宴——吐蕃史译注》，黄颢、周润年译注，第32-33页。

由赞普与贵族共管到赞普全面掌管的过渡,最后通过行政体制来实施管理职能,这就是所谓"吐蕃四茹",即伍茹(中央翼,治拉萨)、约茹(左翼,治乃东昌珠)、叶茹(右翼,治南木林)和茹拉(支翼,治拉孜)。随着后世控制范围不断扩大,增加了"苏毗茹",形成"五茹六十一东岱"。王室正是依靠这种制度和不断加强的王权维护了赞普家族的地位和王位更替时期吐蕃王朝的稳定。

根据《贤者喜宴》的记载,噶尔·东赞宇松与达延莽布支(dar-rgyal-mang-po-rje)创立了"奎"(khos),确立各茹之间的边界,划分茹的范围,从而形成吐蕃最早的行政区域——"茹"(ru)。[110]

但是,按照《弟吴宗教源流》的说法,这样重大的政策并非完全出自大臣噶尔·东赞宇松一人之手,而是他多方征询于民间高手乃至聪慧的少年。他曾经派四名大臣去求教一个名叫芒波杰(mang-po-rje)的聪慧小孩,见到这个孩子,他们问道:"去对面直接从沼泽中间穿过好,还是绕边走好?"孩子回答说:"你们着急的话绕边走,不着急的话直接走。"四人并未明白孩子此话的意思,便直接穿过沼泽,结果可想而知。当他们来到对面时,发现那小孩已经先他们到达那里。他们又问孩子的父母去哪里了。孩子回答说:"阿爸找话去了,阿妈找眼睛去了。"不一会儿,孩子的爸爸带着酒回来了,妈妈拿着灯盏回来了。四人觉得这个孩子确实聪明,便请他来帮助制定基础大法,却被孩子拒绝了。

后来,噶尔·东赞宇松听说有一个名叫琛·芒协纳恩(vchims-mang-bzher-na-ngan)的人很有才气,为了从他那里获得良方,噶尔·东赞宇松带上用盐水浸泡过的干肉跟随他去牧羊,并试探地问谁可以担负起制定吐蕃基础法规的重任。琛氏当仁不让地说就是他自己,却说自己并不愿意做此事。噶尔·东赞宇松立即拿出干肉让琛氏吃,吃了盐水浸过的干肉,琛氏口渴难耐,脱口说道:"如果现在有人给我酒喝,我会答应他的要求。"噶尔·东赞宇松拿出早已

---

[110] 巴卧·祖拉陈瓦:《贤者喜宴——吐蕃史译注》,黄颢、周润年译注,第32页。

噶尔·东赞宇松铸像

准备好的酒请他喝,当琛氏快要醉的时候再问他方案,琛氏略带醉意地说:"首先应该划分四十个豪奴千户,明确千户长的职责和四茹之间的界限、区划范围,然后划分驯奴部,委派官员去管理。"[111]噶尔·东赞宇松因此得以确定吐蕃重要行政区划和桂、庸(rgod-g·yong,即勇士和仆从)区分这两项重要制度。上述故事既反映了制定关系全局的行政大法是一件颇具智慧的创造性的工作,也反映了其中凝聚着各方人士的心血和贡献,当然正如上文所引资料显示,吐蕃五茹的划分是由噶尔·东赞宇松和达延莽布支共同制定的,而后者应该就是那个聪慧的少年芒波杰(mang-po-rje,即莽布支),只是被后世的史家加以演绎,故事性更强罢了。

最早的四茹是位于后藏(gtsang)地区的叶茹和茹拉,位于卫地(dbus)的伍茹和约茹,后来新增了苏毗茹,形成五茹的行政区划。伍茹的中心是拉萨的小昭寺;约茹的中心是雅隆地区的昌珠寺一带;叶茹的中心是今南木林县的雄巴园(shang-kyi-zhong-pa-tshal);茹拉的中心地区是柴之都巴纳(brad-kyi-dur-pa-sna,在今西藏谢通门县境内,一说在萨迦县境内);苏毗茹的中心在仓甲雪达园(tshang-rgya-shod-stag-btshal)。后来加上吐蕃与突厥交界地区的象雄茹,又形成了所谓的"六十一东岱"建制。每个茹各有茹本

---

[111] 弟吴贤者:《弟吴宗教源流》(藏文本),第271-272页;弟吴贤者:《弟吴宗教源流》,许德存译,第132页。

（ru-dpon）和副将，由军功贵族担任。每个茹有自己的茹旗，甚至各茹的军马也整齐划一。例如，伍茹的茹旗为花边红旗和红色吉祥器，茹马为白鬃灰白马和赤色豹纹马；约茹的茹旗为红色狮子旗和白色黑心旗，茹马为棕黄花斑马和白蹄赤色马；叶茹旗帜为绘有大鹏鸟的白心黑旗和淡黄花斑旗，茹马为赤色火花马和青鬃马；茹拉的旗帜为白狮悬天旗和黑色吉祥旗，马为鹅黄红鬃马和棕色黑鬃马。[112]

《贤者喜宴》记载，"所谓桂东岱（rgod-kyi-stong-sde），每茹有八个东岱、一个小东岱及一个近卫东岱，总共有十个东岱"。[113] 这是核心的军事作战部队和部落，他们和担负军事后勤的"庸"职责不同，身份和地位也不同。

强化军事制度

吐蕃王朝是建立在军事扩张基础上的，并随着军事扩张的成功而逐渐强大起来。松赞干布是文韬武略兼备的卓越英雄人物，军事成就是他一生中最突出的业绩之一，这其中也包括他借鉴祖辈和外来经验而建立的军事管理和配置制度。

由于唐朝和吐蕃经历过长期激烈的军事对垒，唐人对吐蕃军事上的成功印象深刻。史书记载，吐蕃"军令严肃，每战，前队皆死，后队方进。重兵死，恶病终。累代战没，以为甲门。临阵败北者，悬狐尾于其首，表其似狐之怯，稠人广众，必以徇焉，其俗耻之，以为次死。""征兵用金箭，寇至举烽燧，百里一亭。""其铠胄精良，衣之周身，窍两目，劲弓利刃不能甚伤。其兵法严，而师无馈粮，以卤获为资。每战，前队尽死，后队乃进。"吐蕃军队的视死如归，无所畏惧，军法严整，铠甲精良，崇敬烈士等，都被认为是吐蕃取胜的原因。

---

[112] 巴卧•祖拉陈瓦：《贤者喜宴——吐蕃史译注》，黄颢、周润年译注，第34页。

[113] 同上书，第33页。

根据吐蕃所面对的军事形势及进一步扩张的需要，松赞干布把吐蕃前线的军事力量划分为三部分，即所谓"上勇部（stod-kyi-dpav-sde）"、"中勇部（bar-gyi-dpav-sde）"和"下勇部（smad-kyi-dpav-sde）"。"上勇部"布置在日昌达巴贡（ri-brang-stag-pa-gong）以上和门柴卡希（mon-dbral-kha-bzhi）以下。其中包括古格和觉若等五个部族，首领为卓（vbro）、琼（khung）、噶（mgar）、努（snubs）和聂氏（gnyan），主要驻防在西北部地区，负责防守并经营西域。其英雄标志及特征是，在出征时把虎的头盖骨作为盾牌，战亡坐骑的血涂在脸上，誓死作战，发誓倘若不能取胜将不返回。因而，该部能够征服突厥使之归于治下，得名"上勇武部"。"中勇部"安扎在日贝南垄（ri-pe-nam-lung）以上和恰郭达巴（cha-skor-dar-ba）以下，有十二贝甲（sbas-rgya）部，并任纳雪（nags-shod）的军事长官。此部的英雄标志及特征是，剑刻图纹，吃临死宴和身着兽衣皮袄出征，发誓若不取胜永不回头。其部征服了绛域，得名"中勇武部"。负责防守今那曲、昌都等地并进攻唐朝的剑南西川和南诏等地区。"下勇部"驻守玛卿奔惹（rma-chen-sbom-ra）以下和噶塘碌且（ka-thang-klu-che）以上。秋仓（phyugs-mtshams）曾任该部长官，其英勇的表现及特征是，出征前折断剑鞘，给亲人留下遗嘱，将妻儿托给亲属，发誓若不取胜永不返回。此部消灭了吐谷浑的六个千户和摧毁汉人的瞭望楼，因此得名"下勇武部"，该部负责驻守并经营青海河湟等地区。

建立法律制度

根据藏史记载，松赞干布在制定法律时讲过这样一段话：现在我要制定王朝大法。往昔由于没有法律，各小邦国四散分裂；如果现在还没有法律，就会犯罪猖獗，我的属民就会陷入痛苦之中。所以，要立法。[114] 松赞干布根据当时的需要制定了名为"六大议定"

---

[114] 巴卧·祖拉陈瓦：《贤者喜宴——吐蕃史译注》，黄颢、周润年译注，第31页。

的法律体系，诸如《王廷、衙署职官安置之法》（以万当十万之法）、《十万金顶具鹿之法》《王朝准则之法》《内府管理之法》等。

根据《王廷、衙署职官安置之法》，松赞干布对众臣逐一颁布委任状：任命噶尔·东赞宇松为吐蕃之奎本（khos-dpon），琼波本松孜（khyung po-pun-zung-tse）为象雄（zhang-zhung）之奎本，霍尔恰秀仁波（hor-hya-zhu-ring-po）为苏毗之奎本，韦赞桑贝勒（dbas-btsan-bzang-dpal-legs）为齐布（chibs）之奎本，觉若坚赞杨贡（cog-ro-rgyal-mtshan-g·yang-gong）为通頬（mthong-khyab）之奎本，[115] 并确定了行政区划，以及相应的职官管理制度和奖惩措施等。还包括，敬养主人，偿还利息；抑制豪强，扶助弱小；驯奴不充丁，妇女不能干预政事；守卫边疆，不伤禾稼；外惩敌人，内护臣民百姓；奉行十善法，舍弃非十善法等六大决议。同时规定，命令的标志是印匣，军队的标志是军旗，地方的标志是宫堡，佛教的标志是寺院，勇者的标志是虎皮袍，贤者的标志是告身等六种标志。

《十万金顶具鹿之法》（vbum-gyi-gser-thog-sha-ba-can）确立了吐蕃的度量衡单位，即升、两、合、勺、钱、分、厘、毫等，从而将青藏高原地区不同邦国、不同部落各不相同的度量衡统一起来，对王朝管理，百姓日常生产生活，以及贸易的开展和借贷提供了便利。

《王朝准则之法》包括：定出事物可行与否的规则；克敌制胜，国泰民安；治理内政，保护臣工属民；为后世利益而推行佛教；对显贵有缘者（讲授）佛法，不讲给无缘之贱民；密咒圆满乃成佛之因，勿将此做财宝出售，而应铭记于心；如颂扬恶人则有损双方，因此勿令贱民为王侯；若不以虎皮袍褒奖勇士，则失去做英雄之媒介；若不以告身奖励贤者，则后世将贤愚不分；善者当奖赏而不奖赏，今后谁愿做善者？事先若不以狐尾诅咒懦夫，那么何以区分英雄与懦夫？如不惩处恶者，则永不会形成正念正知；如当治罪者而不治其罪，则后患无穷；若使生身父母受苦，今生来世得到报应；

---

[115] 巴卧·祖拉陈瓦：《贤者喜宴——吐蕃史译注》，黄颢、周润年译注，第31-32页。

如果虐待自己的弟子，那么将被外敌所弃；如果虐待妻室，则内外家务及农事必尽行废弃。[116]有道德的内容，也有法律层面的内容，还有一些处事规矩和原则。

此外，据说松赞干布还结合维护王权、财产私有制和社会等级制度等的需要，依据佛教的五条根本戒律或者"十善法"，制定出相关法律。他自称以"十善法"作为依据，规定"杀人者罚命价银二万一千两，偷盗者罚八十倍赔款，奸淫者割去鼻子，说谎离间者拔去舌头"。同时又制定"清净人法十六条"，内容包括：敬信三宝，不生动摇；奉行佛法，努力修行；学习圣业和教法；报父母之恩；尊重智者和长辈；和睦亲友，品格正直；不受人之托不干预别人之事；帮助乡亲邻里；心地诚实，胸怀广阔；行为处事追随上等人，不生反悔；对有大恩之人，一定要报答；按时还债付息，升斗秤量无欺；平等待人，不生争竞之心；不听妇人之言，办事持重；办事有节制，宽以待人；对人不记仇恨，以慈悲护持。[117]这些分属于法律、道德不同层面，带有劝诫性，范围广、具体操作空间较大。

吐蕃的法律中还有所谓《权势判决法》，内容包括：不杀生法，即赔偿医疗费与命价的标准；禁止盗窃法，规定若偷窃国王的财物处以所盗财物百倍赔偿，若盗窃三宝（佛法僧）财物处以八十倍赔偿，盗窃平民财物处以八倍赔偿；奸污罚锾律，如果强奸有夫之妇处以罚金和挖眼；说谎判决法，若妄语说谎，以三宝、神、龙、凶神等为证立誓；奴不反上法；保护陵墓法等。[118]

根据汉文史料的记载，吐蕃法律有其简约和残酷的一面，称吐蕃"用刑严峻，小罪剜眼鼻，或皮鞭鞭之，但随喜怒而无常科。囚人于地牢，深数丈，二三年方出之"。[119]《新唐书》也记载："其刑，虽小罪

---

[116] 巴卧·祖拉陈瓦：《贤者喜宴——吐蕃史译注》，黄颢、周润年译注，第52页。

[117] 达仓宗巴·班觉桑布：《汉藏史集》，陈庆英译，第90-91页。

[118] 弟吴贤者：《弟吴宗教源流》，许德存译，第131页。

[119] 《旧唐书》卷一九六上《吐蕃上》。

必抉目,或刖、劓,以皮为鞭抶之,从喜怒,无常算。其狱,窟地深数丈,内因于中,二三岁乃出。"根据《敦煌本吐蕃历史文书》记载,655年(唐高宗永徽六年),噶尔·东赞域松制定法律条文,[120]颁布成文法,这被认为是吐蕃历史上的第一部法律。由此可见,松赞干布在世时为适应社会管理的需要制定法律应该是没有疑义的,但是是否即为成文法律十六条或者二十条,则还有进一步探讨的空间。

加强社会管理

赞普与重要大臣之间的关系是维护社会稳定最重要的关系之一,松赞干布建立吐蕃王朝之后,不断强化王权,乃至神圣化赞普的世系,逐渐确立赞普完全不容侵犯的观念。与此同时,赞普照顾大贵族的基本利益,封授土地和奴隶给大贵族,以维护他们的经济、政治和社会地位。继续保持与大贵族之间旧有的会盟制度,通过立誓明确双方的君臣关系,维护大局稳定。《旧唐书·吐蕃传》记载:赞普"宴异国宾客,必驱牦牛,令客自射牲以供馔。与其臣下一年一小盟,刑羊狗猕猴,先折其足而杀之,断裂其肠而屠之。令巫者告于天地山川日月星辰之神云:'若心迁变,怀奸反覆,神明鉴之,同于羊狗。'三年一大盟,夜于坛墠之上与众陈设肴馔,杀犬马牛驴以为牲,咒曰:'尔等咸须同心戮力,共保我家,惟天神地祇,共知尔志。有负此盟,使尔身体屠裂,同于此牲。'"《新唐书·吐蕃传》也记载:"赞普与其臣岁一小盟,用羊、犬、猴为牲;三岁一大盟,夜肴诸坛,用人、马、牛、间为牲。凡牲必折足裂肠陈于前,使巫告神曰:'渝盟者有如牲。'"由于人们信奉天神日月神明,所以隆重的杀牲血祭仪式是庄严的,也被认为是灵验的,能够起到约束君臣行为的作用。

松赞干布在划分十八个采邑时,受封的全是当时为其建立政权立国功的大贵族,诸如库(khu)、尼雅(gnyags)、桂(mgos)、努布

---

[120]《敦煌本吐蕃历史文书》(增订本),王尧、陈践译注,第145页。

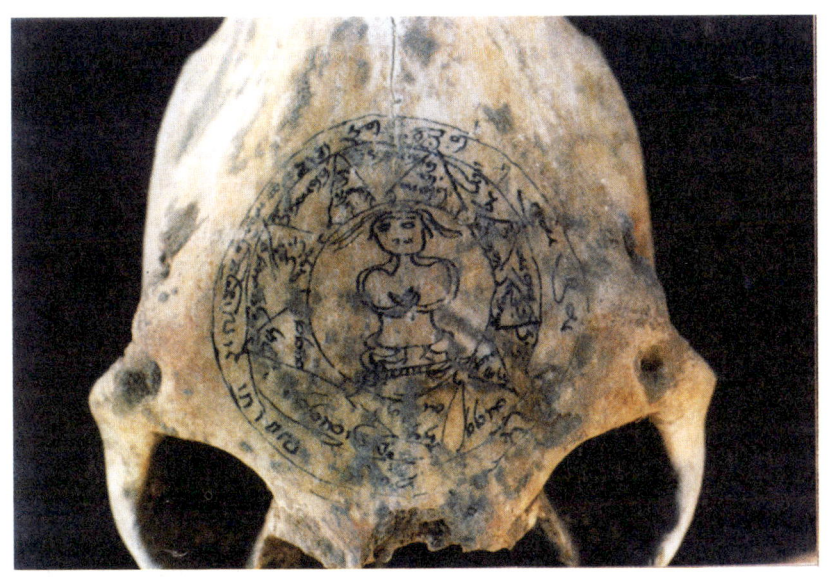

青海都兰吐蕃墓葬中出土的写有咒符的动物头骨

（gnubs）、那囊氏（sna-nam）、蔡邦氏（che/tshe-spong）、没庐氏（vbro）、琼布氏（琼保氏，khyung-po）韦（sbas）、琛氏（vchims）、噶尔（mgar）等。担任王朝高级官员并获得大告身的也是这一群体。一般法律文书也将王者、尊者、贤者与奴隶、贱民作为对立的双方并举，后者无权且无发展机会。

严格社会等级分层。藏文法律文书中不同的命价，主要反映的是社会不同等级人群的身份地位差异。这种差异既包括同一阶级中不同等级官员之间的差异，也包括不同阶级之间的差异。

按照《弟吴宗教源流》的说法，当时吐蕃社会还存在按照身份和职业划分为不同阶层的情况：九王（九斯巴，srid-pa），是指努氏王斯巴（snubs-rje-srid-pa）、洛氏王朗巴（lho-rje-glang-pa）、洛氏王林巴（lho-rje-gling-pa）、琛氏松巴（vchims-srong-pa）、聂尼氏王恰巴（nyag-nyi-phyag-pa）、绛昂桂巴（byang-nga-skos-pa）、却乃周巴（khyo-ne-sprivu）、谢乌强巴（shevu-vchang-pa）、索切巴（so-phye-pa）。这些人的地位和身份较高，应该是从旧贵族转变而来的，依然享受某些特权。

七牧主，是指洛昂牧马人（lo-ngam-rta-rdzi）、达木巴（ltam-pa）牧牛人、热卡（ra-ga）牧山羊人、卡尔巴（vkhar-pa）牧绵羊人、桂氏（vgos）牧驴人、恰氏（bya）养狗人、鄂氏（ngog）养猪人。这个群体是专业的畜牧业主人，具有一定的经济基础、专业技能以及相应的社会身份与地位。

六匠人，是指噶尤（kar-yo）铁匠、卡茹（gar-ru）鞍匠、沙（srag）弓匠、惹夏（ra-shags）剑匠、恰瓦（bya-ba）铠甲师、冲孜（tshong-rtsi）法器管理者。这个群体是专业工匠，随着王朝各项建设事业的发展得以崛起，并获得社会的认可。

五商，指汉地茶商、突厥（gru-gu）玉商、吐谷浑（va-zha）刀商、丹玛（ldan-ma，邓科）帛商、兰（glan）盐商。当时的丝绸之路贸易十分繁荣兴旺，这个群体则是吐蕃对外贸易的受益者，对经济民生发挥了积极作用。

四王，南萨（nam-sa）财王、泥婆罗（bal-po）铜王、苏毗铁王、门地（mon）娱乐王。这些同样是以专业技能在吐蕃赢得市场和声誉的群体，来自不同地区，却构成一个社会群体。

三执掌者，达氏（bdags）掌管帐篷，娘波氏（myang-po）掌管铁器，卓氏（grod）掌管家禽。这三者类似于家族垄断行业。

史书特别强调指出：上述各行各业各司其职，征集器物、食品献给吐蕃王，他们都属于吐蕃的臣民。[121]

勇饰物也是社会标识的一种方式，旨在鼓励人们勇敢有为，同时还要对怯懦畏缩者通过标识予以惩戒和羞辱。六勇饰，包括以佛典与告身褒奖贵胄尚论：贱民奴隶的饰相是编织物和苯波（bon-po）；以告身褒奖贤良者，以虎尾惩治作恶者；授以虎皮帽褒奖英雄；以狐皮帽贬责懦夫。[122] 同样，《新唐书·吐蕃传》也记载，"重兵死，以

---

[121] 弟吴贤者：《弟吴宗教源流》（藏文本），第 273 页；弟吴贤者：《弟吴宗教源流》，许德存译，第 133 页。

[122] 弟吴贤者：《弟吴宗教源流》（藏文本），第 267 页；弟吴贤者：《弟吴宗教源流》，许德存译，第 129 页。

累世战没为甲门，败懦者垂狐尾于首示辱，不得列于人。"[123]

松赞干布当政时期的吐蕃社会基本上是一个军民合一社会，由于战争的需要，把一般民众划分两部分，一部分是直接作战的勇士部（rgod-kyi-stong-sde），一部分是为勇士提供辅助和杂役的庸部（g·yung）。据记载，庸部还分为奴（kheng）和奴之奴（yang-kheng）两部分，后者地位更低。还有所谓"扬臣（yang-bran）"和"宁约（nying-g·yog）"等称谓。[124]《资治通鉴》也记载："吐蕃每发兵，其富室多以奴从，往往一家室十数人，由是吐蕃之众多。"[125] 战争状态的社会分工不同，社会身份差异较大。

妇人无及政。传说松赞干布制定的法律条文中明确，妇女不能干预政治的禁令，反映出当时社会对妇女歧视和妇女社会地位的低下。当时普遍存在政治联姻，松赞干布在攻取象雄时，他的嫁给象雄王李弥夏的妹妹发挥了里应外合的作用，由此便不难理解他对女性参政的担心和顾虑。禁止女性干政则有保持政权稳固、防止堤坝从内部塌陷的用意。

贵壮贱弱风气。《新唐书·吐蕃传》记载了吐蕃社会存在贵壮贱弱的风气，母拜子，子倨父，出入前少而后老。这恐怕与当时社会崇尚武力有一定的关系，少壮年是军队的主力，自然也是社会的中流砥柱，受到特别的倚重。

推进经济制度建设

囊日伦赞时期，雅隆吐蕃人改变了只能开采少量岩盐的状况，从羌塘地方大量开采湖盐，民生得以改善。吐蕃还出现了以 60 粒

---

[123] 《新唐书》卷二一六上《吐蕃上》。

[124] 巴卧·祖拉陈瓦：《贤者喜宴——吐蕃史译注》，黄颢、周润年译注，第 34 页。

[125] 《资治通鉴》卷二五〇。

青稞称重计量的办法。[126] 松赞干布时期,吐蕃的金属冶炼技术有了进一步发展。《汉藏史集》记载,当时"有娘·莽布支尚囊(myang-mang-po-rje-zhang-snang)等贤明六臣制定了六六三十六中文书契约式样(制度),设立了禁卫军,给人们颁发告身。在骏马身上彩绘条纹,以区别军旅。将涧水引入池塘,然后引入水渠中。又将山上居民迁到河谷,开垦平川为农田,划分田界。在河流上建造船只。规定升、斗、秤等量具"。[127] 经济得到长足发展,贸易进一步扩大,各项制度便应需而生。

《新唐书·吐蕃传》记载了吐蕃人的居住、饮食、土产状况,尽管简明却也可见一斑。"国多霆、电、风、雹,积雪,盛夏如中国春时,山谷常冰。地有寒疠,中人辄痞促而不害。其赞普居跋布川,或逻娑川,有城郭庐舍不肯处,联毳帐以居,号大拂庐,容数百人。其卫候严,而牙甚隘。部人处小拂庐,多老寿至百余岁者。衣率氈韦,以赭涂面为好。妇人辫发而蒙之。其器屈木而韦底,或氈为盘,凝面为碗,实羹酪并食之,手捧酒浆以饮……屋皆平上,高至数丈。其稼有小麦、青稞麦、荞麦、豆。其兽,牦牛、名马、犬、羊、彘,天鼠之皮可为裘,独峰驼日驰千里。其宝,金、银、锡、铜……其畜牧,逐水草无常所。"[128]

从《敦煌本吐蕃历史文书》大事纪年资料来看,就在松赞干布去世后几年里,吐蕃大相(blon-chen)噶尔·东赞宇松连续采取措施,改革经济和财税制度。如唐高宗永徽四年(653),噶尔·东赞宇松进行税制改革,制定牛腿税制度,加强了吐蕃王朝对居无定所的游牧部落的管理。派遣达延莽布支征收农田赋税;与热桑王(ra-sang-rje)之论仁达夏(ring-stag-lhya)做大宗农作物交易;任命布金赞(spug-gyim-rtsan)和玛琼(rma-chung)为象雄度支官。永徽五年(654),噶尔·东赞宇松在蒙布赛拉宗(mong-bu-sral-vdzong)

---

[126] 达仓宗巴·班觉桑布:《汉藏史集》,陈庆英译,第87页。

[127] 同上书,第91页。

[128] 《新唐书》卷二一六上《吐蕃上》。

集会,进行户口清查,建立户口册制,为征发户丁服劳役,征集兵马、粮草提供了可靠的证据。[129] 究竟是松赞干布时业已启动法律起草,还是松赞干布去世后法律规范才兴起?或许二者兼而有之。吐蕃的法律制度一直处在不断丰富和完善之中。有人认为它是吐蕃的第一部成文法。

作为社会发展进步的诸多标志之一,松赞干布时期出现了多位贤明大臣,包括足智多谋的噶尔·东赞宇松,创制文字的文臣吞弥·桑布扎,以及对经济发展、百姓安居发挥影响的赤桑扬顿(khri-bzang-yang-ston),后者的主要功绩被描述为将山上的百姓迁往河谷,在高山顶上修建堡寨。[130] 可以说这是个人才辈出的时期,反映出时代的进步,同时也是社会发展的突出成就。

松赞干布与泥婆罗赤尊公主、唐朝文成公主联姻固然有政治上的需要,同时也有开展和扩大经济文化交流的目的。特别是唐蕃丝绸之路的开通,对吐蕃的经济发展和社会繁荣起到极为重要的作用。

《弟吴宗教源流》记载,随着贸易的开展,在吐蕃与周边地区之间形成了八个大的贸易山口(市场)和八个商市,其中有上部勃律(dru-zha)王土、突厥(dru-gu)、泥婆罗(bal-po)三个市场,下部葛逻禄(gar-log)、绒绒(rong-rong)、丹玛(ldan-ma)三个贸易市场,中部董(stong,应为ldong)、东(stong)两个贸易市场。八大市场是指掌管从事货物交换的四大山口:没庐氏赤松结达囊(vbro-rje-khri-gsum-rje-rtags-snang)是专营东方帛绢贸易的山口;没庐氏穷萨沃尔玛(vbro-chung-gzav-vor-ma)是经营西方染料、紫梗贸易的山口;琼保布当(khyung-po-spu-stangs)是经营北方犏牛贸易的山口;桂·赤登帕玛(sgod-khri-sten-bal-ma)是经营南方大米、果类贸易的山口。四大山口中又有四个小山口市场,吐蕃人多于此

---

[129] 《敦煌本吐蕃历史文书》(增订本),王尧、陈践译注,第145页;《敦煌藏文吐蕃史文献译注》,黄布凡、马德译注,第39页。

[130] 巴卧·祖拉陈瓦:《贤者喜宴——吐蕃史译注》,黄颢、周润年译注,第31页。

经商，称之为八大市场。[131]

上述八大市场既包括吐蕃与周邻政权贸易通道和贸易活动，诸如尼泊尔、突厥和葛逻禄，也包括吐蕃与青藏高原地区的不同邦国之间的贸易往来，如属于党项和苏毗的董、东等，还包括吐蕃与今四川西部地区邦国丹玛等地的贸易。贸易物品有植物也有动物，有食品也有用品，而且这些获利丰厚的行业也被吐蕃一些大贵族所掌控。

事实上，最值得大书特书的一项成就是唐蕃丝绸之路的畅通和以丝绸贸易为代表的唐蕃贸易的发展繁荣。松赞干布见持节护送文成公主入吐蕃的宗王道宗时，就赞叹唐朝服饰礼仪之盛，对唐朝的服装和丝绸衣料爱之有加，这也直接影响到吐蕃王室和上层贵族的喜好，促使吐蕃服饰文化来了一场革命，丝绸贸易成为唐蕃贸易的首选和代表。唐朝皇帝自然也把丝绸作为珍贵礼品赠送给吐蕃赞普、王室及大贵族。唐高宗即位后，在封授松赞干布驸马都尉和西海郡王名号的同时，就赏赐绸缎2000匹。后将松赞干布封号晋升为賓王时，再次赏赐杂彩3000匹。从后来的汉文史料记载来看，丝绸作为赠送礼品和贸易物品在整个唐蕃贸易中始终占据突出重要的位置。

文成公主入蕃带去了大批的丝绸、医药工艺书籍及其他物品，乃至工匠，直接推动了吐蕃的相关技术进步。吐蕃使者还向唐朝请赐蚕种及造酒、碾、硙、纸、墨之匠，唐朝全部满足要求。唐朝还接收吐蕃贵族子弟在长安国子监学习，接受儒家思想熏陶，他们同时也掌握了唐朝的先进技艺。

唐蕃通过丝绸之路的贸易是双向的。吐蕃向唐朝请婚主要是送上黄金和黄金制品，如禄东赞到长安为松赞干布求亲带去了五千两黄金，还有其他珍贵物品数百件；后来，禄东赞受松赞干布派遣，到长安祝贺唐太宗讨伐辽东凯旋，送上的是高有7尺、可以装三斛

---

[131] 弟吴贤者：《弟吴宗教源流》(藏文本)，第264页；弟吴贤者：《弟吴宗教源流》，许德存译，第127-128页。

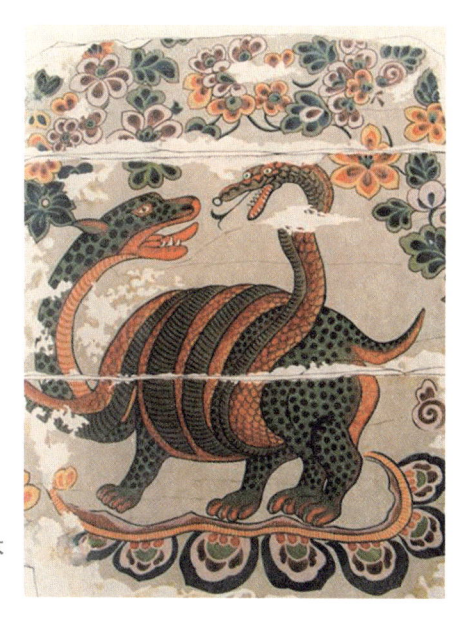

青海都兰德令哈出土的吐蕃木棺板画所绘的四神（摹写本）

（唐时一斛相当于10斗）酒的金鹅；高宗继位后，松赞干布即遣使献玉琲（音 bei，成串的玉珠子；一说是金银珠宝）15 种，请置太宗昭陵（位于陕西省礼泉县城西北 22.5 公里的九嵕山上），以为追悼。[132] 唐太宗时期，松赞干布多次派遣使者向唐朝"献方物"[133]。这一传统一直保持下来，唐高宗永徽五年（654）八月，吐蕃使者向唐朝进献 100 匹马和高 7 丈、广袤 27 步的大拂庐（毡帐）。唐高宗显庆二年（657）十二月，吐蕃赞普遣使献金制城池模型一具，城上有狮子、大象、驼、马、羱羝等，其上均有骑者，另进献金瓮、金颇罗。[134] 次年冬十月，吐蕃赞普在遣使求婚时，仍献上金球劚和牦牛尾。[135] 吐蕃向唐朝进献珍稀土产，或者通过贸易从南亚或中

---

[132]　《新唐书》卷二一六上《吐蕃上》。

[133]　《册府元龟》卷九七〇《外臣部·朝贡三》。

[134]　同上。

[135]　《册府元龟》卷九七九《外臣部·和亲二》。

青海都兰出土的吐蕃
墓葬中的金饰片

亚等地获得黄金制品。双方互通有无，贸易持续不断开展起来。

　　文成公主入蕃后，原先业已存在的各种交通联系变成了官方往来的大道，既适应了唐蕃密切的经济、政治和文化往来的需要，更进一步推动了双方交流向更宽更深入的方向发展。

　　唐蕃丝绸之路还随着吐蕃的崛起和向外扩张而不断延伸，向南与泥婆罗联系起来，并随着赤尊公主的入蕃得到加强，向西北则与于阗、突厥、回鹘等西域各部族联系更加密切。黄金及其制品、高原土特产和畜产品是吐蕃交易的大宗。在青藏高原上形成了玉石之路、食盐之路、茶叶之路、丝绸之路、麝香之路、白银之路等，展现着经贸往来的丰富内容和高原特色。

7 发展文化事业

吐蕃的文化经历了一个漫长的历史发展过程。在松赞干布建立吐蕃王朝后,吐蕃文化在充分借鉴周边文化的条件下迅猛发展,并进入繁荣时期。

《新唐书·吐蕃传》记载了吐蕃的文化与社会风俗,虽着墨不多,却栩栩如生、跃然纸上。"无文字,刻木结绳为约……其俗,重鬼右巫,事羱羝为大神。喜浮屠法,习咒诅,国之政事,必以桑门参决。多佩弓刀。饮酒不得及乱……拜必手据地为犬号,再揖身止。居父母丧,断发、黛面、墨衣,既葬而吉……其戏,棋、六博。其乐,吹螺、击鼓。其君臣自为友,五六人曰共命。君死,皆自杀以殉,所服玩乘马皆瘗,起大屋冢颠,树众木为祠所。"这里反映的并非同一时代的情况,比如,没有文字、刻木结绳以为约,所展现的是创

西藏自治区博物馆收藏的西藏围棋棋盘

制文字之前的情形，吞弥·桑布扎创制吐蕃文字后就发生了改变。一些习俗体现了吐蕃人的祖先崇拜、神灵崇拜和动物崇拜思想，都是社会现实的反映。吐蕃的体育活动有围棋、陆博（六博）等，吹螺击鼓展现其基本乐器和音乐内容。父母去世，要着黑色衣服，涂黑脸面并断发以志哀。赞普去世还有自杀、杀牲以殉葬的习俗，建大陵墓，环陵墓植树以为祭祀之所。在松赞干布学习借鉴外来文化之后，吐蕃文化的内容不断丰富，得到进一步充实和提高。

创制统一文字

文字发明是吐蕃历史上具有划时代意义的事件，藏语文字的诞生使吐蕃历史开始步入一个文明发展的新时期，这正是在松赞干布执政时期完成的。汉文史书记称，吐蕃"无文字，刻木结绳为约"。藏文史书《敦煌本吐蕃历史文书》记载："吐蕃以前无文字，此赞普时始出现。"《柱间史——松赞干布的遗训》记载："赞普松赞干布始称雄于世，边邦邻国无不岁岁前来朝贡。吐蕃当时尚无文字，需要进贡什么财货贡品只能以口信传旨。"学术界对吐蕃文字的起源给予极大的关注，有人提出在吐蕃王朝建立之前即有文字的说法，但是大多基于推理和推测，没有实物资料和可资定性的论据。尽管后弘期的藏文史书大量提到松赞干布时期使用藏文、翻译佛教教义的情况，但目前没有发现一部确信为松赞干布时期的文献资料，且托名为该时期的著作都有待于进一步的科学考订。保留至今的、最为珍贵的石刻文字资料，大多为赤松德赞（754—797在位）时期以后之物。考古工作者曾在西藏朗县列山墓群中发现长1米左右的条形木构件，距今已有1275年的历史，其上书有墨写的单个字母，字母与现代藏语中的元音字母相似，字体较为成熟。木构件上的文字被认为是有别于吞弥·桑布扎所创文字的另一种成熟文字。对于吐蕃文字研究是可贵的实物资料，却至多只能算是原始文字的雏形，还很难推翻吞弥·桑布扎创制系统规范文字的事实。

藏文是在漫长的历史发展过程中逐渐产生的。松赞干布统一西藏高原，强烈的现实需要直接推动了藏文的创制。七世纪初，松赞干布统一青藏高原大部分地区，建立了强大的吐蕃王朝。如何加强吐蕃辖区内不同语言的民族之间的联系，如何制定、推行法律实施管理，如何与周边地区交往，并展示与强大王朝相适应的自信，创制文字成为十分迫切的任务。于是，松赞干布便选派大臣吞弥·桑布扎等16位聪明好学的青年前往天竺（印度）求学拜师。吞弥·桑布扎诞生于雅鲁藏布江南岸（今西藏山南地区）的隆子县（一说出生于尼木县吞巴乡），父亲吞弥·阿努(thun-mi-anu)是吐蕃赞普松赞干布的御前大臣，母亲名叫阿努。吞弥一行16人携大量黄金，跋山涉水，走过千沟万壑，走过野兽出没的人迹罕至之地。据说在经过泥婆罗阳布（今尼泊尔首都加德满都附近）时，吞弥等人还拜见泥婆罗国王鸯输伐摩，国王向他们赠送了解暑药物。来到天竺后，这些来自高寒地区的吐蕃青年又要经受湿热不适的严峻气候考验，其中许多人或在路途或在天竺因为酷热而失去了年轻的生命，只有吞弥·桑布扎等极少数人艰难地活了下来，他在天竺拜天智狮子和婆罗门李敬为师（li-byin，黎敬，又译为李谨、利谨或骊宾）和一位叫拉热白森格的学者学习梵文和声明之学。由于吞弥敬重师长，学习刻苦，成绩十分优异，故被天竺人称为"桑布扎"（sambhota，"智者"或者"大学者"的意思）。

学成返回后，吞弥·桑布扎以梵文50个根本字母为基础，结合藏语言特点，创制了藏文30个辅音字母；又从梵文16个元音中选4个作为藏文元音字母。然后，从梵文34个子音字中，去掉了5个反体字、5个重叠字，又在元音中补充了元音A字，补充了梵语"甲（ca）、恰（cha）、贾（ja）、夏（zha）、萨（za，原文作ja）、阿（va）"等6个字，制定出4个母音字及30个子音字的藏文。

善于讲故事的藏文史书作者们把吞弥·桑布扎创制藏文也描述得生动形象。《汉藏史集》记载，藏文的创制还曾遇到过一些难题：印度的各种文字，有元音16个，辅音34个，虽然都能发出声来，但吐蕃人不易发准，因而不能照搬。例如，印度人把"一"叫作"艾迦（ae-ka）"，把"世界"叫作"洛迦（lo-ka）"，把"法"叫作"达磨（dhrma）"，把"请求"叫作"智达（spri-ta）"，把"说"叫作"梅巴（smras-pa）"，这些音调在吐蕃语中合不上。吞弥一时想不出办法，就将寝室门紧闭，昏睡过去，醒来时看见身旁有一瘦小老太婆，他问："老太太从什么地方来，我将门关上了，你怎么进来的？"老太婆回答说："要问到什么地方去、干什么，我也不为什么事来，也不为什么事去，天空就是我的路，你将门紧闭又何妨。"吞弥听了大惑不解。又再次询问，老太婆说："我从萨霍尔（za-hor）来，到吐谷浑（Va-zha）去。"吞弥问："路程远近如何？"答："那没有一定。"又问："路上带了什么口粮？"答："有茶叶（ja）。"问答之间，老太婆突然消失不见，原来"她是尊胜文殊菩萨的化身"。过后吞弥·桑布扎仔细回想，突然悟出了老太婆话中有"甲（ca）、恰（cha）、贾（ja）和夏（zha）、萨（za，原文作 ja）、阿（va）"等 6 个印度文字没有的音，这样构成了 30 个字母，加上放在字母上下的元音符号，经过组合构成与吐蕃语音相符合的叠加的文字。

据说，文字创制成功后，赞普松赞干布对吞弥·桑布扎说，现在你为我读一读我的先祖留下的年波桑瓦是什么内容。吞弥取出来观看，认出是《宝箧经咒》(mdo-za-ma-tog)、《百拜忏悔经》(spang-skong-phyag-rgya-pa)、《十善法经嘛呢陀罗尼咒》(dge-ba-bcuvi-mdo-tsan-ma-nivi-gzungs-rnams-bzhugs)[136]。吞弥·桑布扎之所以能认出经文主要不是因为出现了藏文，而是因为吞弥·桑布扎在印度学通了梵文。这些文字不可能是藏文，即使掌握了新创制的藏文，对于不懂梵文或者看不到将其翻译为藏文资料的人，依然是天书。

上述记载很生动，听起来也合理，但是并非没有疑点。比如，按照《汉藏史集》的说法，吞弥·桑布扎所拜的老师是印度文字学

---

[136] 达仓宗巴·班觉桑布：《汉藏史集》（藏文本），第 142-143 页；达仓宗巴·班觉桑布：《汉藏史集》，陈庆英译，第 88-89 页。

家李敬,这个名字还出现在拉脱脱日年赞时期受邀前来吐蕃讲经的印度班智达的名单上,这是一种同名的巧合还是混乱的拼接?至于把疑难字的创造归结为文殊菩萨化身的老太婆的帮助,是佛教史家附会和伪造的产物。松赞干布让吞弥·桑布扎阅读的经文本来就是梵文撰写,认真学习并掌握了梵文的吞弥阅读起来自然不成问题,何待创制藏文之后?这与藏文创制有何关系?

藏文史书还记载,吞弥·桑布扎创造藏文后即创作藏文颂词献给松赞干布,赞普十分高兴,亲自拜吞弥为师,在玛如宫堡(sku-mkhar-ma-ru)闭关四年潜心学习藏文。一些吐蕃的大臣们居功自傲,宣称赞普什么也不懂,全靠他们来保护吐蕃的安宁。于是,松赞干布遂制定了相关法律,通过法律而非仅仅依靠君臣个人来治理吐蕃。[137] 松赞干布对吞弥·桑布扎的特殊礼待也引起众多大臣的嫉妒。

吞弥·桑布扎掷地有声的辩解,让其他大臣无言以对,非议之声逐渐平息,赞普宫廷上下形成学习藏文的良好风气,使藏文的使用得到推广。与此同时,吐蕃地方出现了噶尔·东赞宇松、噶尔·钦陵及大臣年·墀桑央敦等政治家、军事家和精通建筑等的人才。

根敦群培指出,吞弥·桑布扎是在印度笈多(gupta)诸王统治时期前往印度的。令人称奇的是,与吞弥·桑布扎同一时代的印度哈喀(harasha)王、鸠摩罗笈多王(gu-ma-ra-gupata,童密)、苏罗亚瓦玛纳(surya-warmana,日铠)等创造的、现在印度各地均可见到的铜牌上面所镌刻的文字,与藏文极为相像,竟好似一位笔法不很熟练的人书写的藏文。由此可见,藏文所依据的蓝本,似乎就是这一笈多文字。

据说,吞弥·桑布扎创制藏文后又撰写了《三十颂论及相转论》(即《文法根本三十颂》)、《文字变化法则》(即《文法性别用法》)等语言文法著作8种。不过对此学界还存在不同看法。《文法根本

---

[137] 达仓宗巴·班觉桑布:《汉藏史集》,陈庆英译,第89-90页。

三十颂》是一部具有完整体系的著作，许多专家认为这部著作并非吞弥·桑布扎本人所著，而是后世藏族文字学家不断注释和研究的托名之作。恰白·次旦平措先生在《萨迦五祖文集》之《萨班文集》中发现了这部著作，他认为古代藏文语言学名著《松》《达》的作者不是吞弥·桑布扎，另有其人：上述两部著作的写作、成书年代不是在七世纪松赞干布时期，而是在十二至十三世纪，即萨迦五祖时期，很可能是萨班本人所著。因为敦煌吐蕃历史文书晦涩难懂，根本无法用十分规范的《松》《达》两部语法书来解读。他进一步说："翻看收录于《萨班文集》中的《文字拼合论》，我们可以看到与《松》《达》完全或者部分吻合的词句比比皆是，有些地方整段整段地照录原文。""这说明什么呢？说明《文字拼合论》与《松》《达》之间存在着密切的渊源关系。换句话说，《文字拼合论》是《松》《达》这两部著作的母本。""当然，《文字拼合论》中阐述的藏文语法规则、原理与《松》《达》相比，略显松散、琐碎。《松》《达》的表述，则更加明白、简练，更注重逻辑脉络的相互关联、呼应。由此，可推知有一位智者对萨班的著作重新进行了增补、删减，并据此最后写成《松》《达》这两部炳彪史册的皇皇巨著。"至于这位神秘的作者，恰白认为这位智者就是与萨班同时代的大译师雄敦·多吉坚赞（rdo-rje-rgyal-mtshan），他精通梵文，是《诗镜》等著作的翻译者。之所以要托名吐蕃时代的吞弥·桑布扎，是因为在教派林立的时代，他不想引起不必要的是非之争。"正是在十二至十三世纪，也就是从萨迦五祖时期开始，随着《文字拼合论》《松》《达》等语法著作的问世，藏文语法发生了巨大而深刻的变化，藏文语法逐步走向规范化、标准化。在这个过程中《松》《达》两部著作所起到的规范、引导作用不可低估。也正因为如此，我们阅读十二至十三世纪以来的藏文典籍就感觉比较好懂、好理解。"[138]

---

[138] 恰白·次旦平措：《论藏文语法理论发展的几个阶段》，《中国藏学》（藏文）2006年第1期；穷达、次多：《恰白·次旦平措谈藏文古代语言学名著的作者及其他》，《中国西藏》（中文版），2009年第4期。

也有学者通过对敦煌藏文资料词汇的分析认为,该书是九世纪中晚期的著作。[139]怀疑论者的理由很简单,吞弥·桑布扎创制文字后不可能立即撰写出内容完善的语法著作,它只能出现在藏文字应用到佛教经典翻译时期,并在文字厘定之后,或者更晚的时代。

扶持佛教

后世藏文史书把松赞干布、赤松德赞和赤热巴金三位赞普合称为"三法王",大量描述他们弘扬佛教,礼敬僧伽。但这些都是佛教史家的附会和篡改,有许多夸大的成分。证之以《敦煌本吐蕃历史文书》,更可见松赞干布与佛教的联系远不及后世史家描述得那么密切。文献中没有提及佛教,提到祈愿者时用的是"smon-pa",而没有使用和佛法有关的任何字眼。甚至在总结松赞干布一生的伟大事迹中,只字未提松赞干布与佛法关联的内容。《旧唐书》中有关于吐蕃的记述,"多事羱羝之神,人信巫觋"。伯希和所劫文献中编号为 P.3532 的慧超《往五天竺国传》(现存法国巴黎国家图书馆)中有"吐蕃国"章云:"已东吐蕃国。纯住冰山雪山川谷之间,以毡帐而居。无有城墎屋舍。处所与突厥相似,随逐水草。其王虽在一处,亦无城,但依毡帐以为居业……国王百姓等,惣(总)不识佛法。无有寺舍,国人悉皆穿地作坑而卧。无有床席,人民极黑,白者全希,言音与诸国不同。"[140]慧超之行在 723—727 年,时至八世纪中期,在吐蕃的某些地区佛教依然并不流行。

但是,随着泥婆罗赤尊公主和唐朝文成公主出嫁吐蕃,带去佛像和佛经等,佛教确实在她们的推动下在吐蕃地方得到推广,并在

---

[139] 黄布凡:《从敦煌吐蕃历史文献看藏文不自由虚词用法的演变——兼议藏文文法〈三十颂〉的写作年代》,载敦煌研究院编《敦煌吐蕃文化学术研讨会论文集》,兰州:甘肃民族出版社,2009。

[140] 慧超:《往五天竺国传笺释》,张毅笺释,载《往五天竺国传笺释·经行记笺注》合集,北京:中华书局,2000,第68页。

大昭寺金顶

松赞干布的支持下立足雪域。

　　大昭寺的修建是一个艰巨的工程，包括运送土石方填湖、运砖砌墙、砍伐柏木立柱、铺板架梁等大量的体力劳动，均由吐蕃百姓完成。但是《王统世系明鉴》等史书将其归功于松赞干布，宣称他可以化身为108位技能高超的匠人，4天筑墙、6天做完木工、2天盖好房顶，总共用了12天就把大昭寺的下殿全部建成。这显然是后世佛教史家对松赞干布神化的产物。

　　大昭寺和小昭寺的修建也包含着泥婆罗和唐朝内地工匠的心血和卓越贡献。修建大昭寺，赤尊公主从泥婆罗带来许多能工巧匠，他们用一年时间建成了上殿，赤尊公主为了表示对家乡的思念而把大昭寺的大门朝向泥婆罗方向。同样，文成公主在修建小昭寺时，也从唐朝内地带来许多木匠、塑匠，用一年时间建成并将带到吐蕃的佛像供奉。小昭寺殿门朝向东方是为了表达文成公主对故土的眷恋之情。

据说大昭寺的绘画还体现了松赞干布对苯教信众和普通吐蕃民众的传统文化情结的妥协。"在西面门上画上曼荼罗以满足上师们的心愿,在柱子上面画金刚杵以满足咒师们的心愿,在四角上面画雍仲字以满足苯波们的心愿,画方格图案以满足蕃土臣民的心愿,并建造先前答应的那些塑像以满足各位护法、龙王、罗刹、魔王的心愿。"[141]这也是修建大小昭寺,以及让各种势力接受佛教这个外来宗教与文化的必要手段,是以松赞干布为代表的吐蕃统治者聪明且有治理策略的具体表现。

藏文史书对松赞干布时期佛教的流行、繁荣有很多记载。《释迦牟尼如来像法灭尽之记》亦有记载:"(文成公主)将六百侍从带至赤面国(吐蕃),此公主极信佛法,大具福德,赤面国王(松赞干布)亦大净信过于先代,广兴正法。"[142]《于阗国教史》亦载:"其时,吐蕃赞普(松赞干布)与唐皇帝成为甥舅(之好),文成公主被圣神赞普迎娶。公主在吐蕃建大寺院一座,鉴于此因,所有僧侣亦来此地,公主均予以资助,乃于吐蕃广宏大乘佛法。十二年间僧侣与一般俗人均奉行佛教。"[143]《贤者喜宴》还记载,松赞干布立即邀请天竺、唐朝内地译师前来从事佛经翻译事业。其中来自天竺的译师有古萨罗(ku-sa-ra)和婆罗门夏噶罗(shar-ka-ra),他们翻译了《大般若经》(vbum-pa-rgyas-pa)、《律部》(vdul-ba);加湿弥罗译师达奴(ta-nu)和泥婆罗译师西拉曼殊(shvi-la-mnyadzu)翻译了《华严经》(mdo-sde-phal-mo-che);唐朝和尚玛哈德瓦(ha-shang-ma-hva-de-ba)等翻译了历算和医药经典;从象雄地方请来的苯教译师拉丹(lha-ldems)翻译了《防治疾病仪轨》(nad-pa-rim-gro);而吐蕃译师吞弥·桑布扎、达哈尔玛果夏

---

[141] 萨迦·索南坚赞:《王统世系明鉴》,陈庆英、仁庆扎西译注,第113-114页。

[142] 《释迦牟尼如来像法灭尽之记》,法成译,《大藏经》史传部。

[143] 王尧、陈践:《〈于阗教法史〉——敦煌古藏文写卷PT960译释》,《西北史地》1982年第3期。

（daharma-ko-sha）、拉隆贝多杰（lha-lung-dpal-rdo-rje）等翻译了《宝云经》（mdo-sde-dkon-mchog-sprin）。[144] 有关在松赞干布时期开始佛经翻译的说法尚存诸多疑问，有待可信史料的进一步印证。

　　藏文文献《韦协》对吐蕃佛教有一个很准确的表述："佛陀之妙法传入蕃地，起始于赞普拉脱脱日年赞时期，开宗于赞普赤松赞（即松赞干布）时期，兴旺于赞普赤松德赞时期，而厘定译经文字，规范译例，则成事于赞普赤祖德赞热巴坚时期。""其后，赞普赤松赞在位时期，迎娶泥婆罗国王的公主赤尊，修筑了逻娑白哈尔林佛堂（即拉萨大昭寺），并在四茹之地也建造了诸佛堂，又修建了扎拉佛堂（即拉萨药王山佛堂）。吞弥·桑布扎受命前往天竺迎取佛经和文字蓝本，寻访到《宝云经》《白莲花宝顶经》《五部陀罗尼经》《十善法》等经卷而归。"[145] 文成公主出嫁吐蕃，"尔后，赞普驻锡兰噶尔宫（lhan-dkar，在今西藏乃东县境内），文成公主寓居拉萨小昭寺（ra-mo-che），从汉地迎请来的释迦牟尼金像亦供奉于小昭寺，上祖松赞干布所开佛法之宗仅此而已"。[146] 以上文献非常清晰地描绘出松赞干布在佛教事业上的主要事迹。

　　吞弥·桑布扎讲述了李域两位沙弥前来吐蕃的故事："曾几何时，李域（li-yul）有两位沙弥，他俩供奉修习文殊菩萨长达十二年之久未果，遂心生抱怨大悲观世音之念，文殊菩萨得知此事后亲自对他俩说：'我与二位似无缘分，可你俩与大悲观世音应有缘分。如今大悲观世音化身为赞普松赞干布住于雪域吐蕃之地，二位不妨前去拜见拜见。'这两位沙弥虽不知吐蕃之地在何方，但还是凭着对大悲观世音的信解之念终于来到吐蕃。他俩走到堆龙（stod-long）山口时，看见这里尸骨横陈，血流成河。听人说这都是被赞普处死

---

[144]　巴卧·祖拉陈瓦：《贤者喜宴——吐蕃史译注》，黄颢、周润年译注，第29页。

[145]　韦·囊赛：《〈韦协〉译注》，巴擦·巴桑旺堆译，第1页。

[146]　同上书，第3页。

吞弥·桑布扎塑像

的罪犯。面对眼前的惨状，他俩心想，吐蕃赞普哪里是大悲观世音的化身，简直是嗜血成性的暴君！这两位沙弥经打听，得知赞普在拉萨，只好硬着头皮去求见。当他俩闯过旦巴滩（dan-vbag-thang）时，又见遍地都是割了头的、剜了目的、砍了手脚的、烙了皮的、斩了腰的，还有施以弗戈酷刑的死尸，惨状目不忍睹。这两位沙弥吓得魂飞魄散，还一个劲地抱怨文殊菩萨要么是着了魔了，要么是发了疯了，咒骂吐蕃赞普什么化身不化身的，十足一个暴君。赞普情知这两位沙弥对自己大失所望，便派了一位大臣并吩咐道：'你骑上白额黑骏马速赶到旦巴滩，去把两位装束跟咱们不一样、光着头穿着黄袈裟的人给我请回来！'他俩当发现有人追来时，吓得心惊胆战，以为这下可大祸临头了。这两位沙弥被大臣带回来后，在幻显神殿南门前的草坪上受到赞普的召见。赞普用李域话问他俩远道而来有何贵干？他俩把事情的原委如实地叙说了一番。赞普问他们俩想不想见阿弥陀佛，他们回答说久仰。于是赞普把他俩带到拉萨的草地沙洲上，然后解开缠在头上的红绫带露出阿弥陀佛的尊容。陛下说：'这就是阿弥陀佛，我是吐蕃赞普，你俩不必害怕。'两位沙弥惊魂未定地问道：'阿弥陀佛乃是大慈大悲依怙主，可陛下为何涂炭生灵，滥杀无辜呢？'赞普说：'我对治下臣民向来秋毫无损，然而，对那些施以仁慈而不能调伏者，只有用峻法严刑加以惩治，以便维护十善之法。不过,他们都会昼死夜复生,转恶向善的。'随后,赞普问他俩想获得什么样的悉地(即成就),二位沙弥仍心有余悸,便托辞:'身心已疲惫不堪,只想回家等待归天。'于是赞普给他俩一人准备了一干粮袋沙子,让他俩头枕着沙袋,心想着回家,好好地睡上一觉。当他俩一觉睡醒时,已躺在千里之外的自家门口了。暖暖的太阳照在身上,干粮袋里的沙子已变成了沙金,这两位沙弥虽然生前没有获得什么悉地,但由于有缘一见赞普之面,其后代因此而获得了无饰薄伽梵果位。李域的一本书中也说吐蕃赞普松赞干布是大悲观世音的化身。所以说,赞普陛下无疑是大悲观世音的化身。"[147] 书中极力把松赞干布塑造成一个大慈大悲的观世音形象,甚至对他采取严酷刑法处置当时社会所存在的犯罪问题时,也能找到看似合理的解释,但未必能达到作者所期望的效果。

借鉴外来文化

松赞干布执政时期的吐蕃王朝继承了父祖既定的策略,既努力创造也善于借鉴,大力学习借鉴周边优秀文化。

《贤者喜宴》记载,松赞干布时期,从东方汉地(rgya)和木雅(mi-nyag)获得工艺与历算书籍;从南方天竺(rgya-gar)翻译了诸种佛经;从西方索博(sog-po,一译作粟特)、泥婆罗打开了享用食物财宝的库藏;从北方霍尔(hor)、回纥(yu-gur)获得了法律及事业的楷模。[148] 这个可以被理解成吐蕃借鉴外来文化的持续和发展。

泥婆罗赤尊和唐朝文成两位公主通过不同路线将佛教传入吐蕃地方,把尼泊尔文化和祖国内地中原文化更大规模地带入了青藏

---

[147]　[印度]阿底峡尊者发掘:《西藏的观世音》,卢亚军译注,第288-291页。

[148]　巴卧·祖拉陈瓦:《贤者喜宴——吐蕃史译注》,黄颢、周润年译注,第30页。

高原腹地，使吐蕃人的衣食住行各方面都发生了重大的变化。从松赞干布脱去裘皮和植物编制的衣服，穿上来自长安的丝绸锦缎，接受唐朝风俗习惯，到大昭寺、小昭寺的修建；从内地蔓菁菜种子植根拉萨，到饮茶、重文习俗的养成，都离不开对内地文化和习俗的吸纳与借鉴。

松赞干布时期，唐蕃关系是吐蕃王朝最为重要的对外关系。唐太宗贞观八年（634），松赞干布派遣使者前往唐朝京师长安朝贡，唐太宗即派负责接待宾客和礼仪的官员冯德遐带着书函前往吐蕃回访。松赞干布听闻突厥、吐谷浑都与唐朝结亲获嫁公主，便派人请婚，请婚失败后便转移愤怒，率羊同共击吐谷浑，接着又进攻党项、白兰羌，还出现了松州对峙局面。

后来松赞干布退兵，不仅是因为在松州战役遭到唐朝的强力回应，还由于内部大臣的反战呼声，甚至有八位大臣以尸谏来阻止战争。可见，大家对双方和平友好的渴望之情。文成公主进藏后，唐蕃关系进入一个蜜月期，使者往来不绝于道，文化交流密切有加。

松赞干布初见唐朝送亲队伍，就展现出渴望学习唐朝文化的迫切心情，"见道宗，执子婿之礼甚恭。既而叹大国服饰礼仪之美，俯仰有愧沮之色……公主恶其人赭面，弄赞令国中权且罢之，自亦释毡裘，袭纨绮，渐慕华风。仍遣酋豪子弟，请入国学以习《诗》《书》。又请中国识文之人典其表疏。"[149] 多项措施系统和全面地借鉴唐朝物质文明和制度文化。

文成公主入蕃所带物品包括诸多精神文化方面的内容。据《贤者喜宴》记载，唐太宗赐给文成公主的陪嫁物有：释迦牟尼佛十二岁等身像、众多珍宝、金玉所制作的告身文书、360部佛经、黄金碧玉珍宝制成的各种饰物、制作各种熟食和干食的方法、镶有玉片的黄金马鞍、上面绘制有八种狮子和禽鸟并枝叶篆纹的绸缎坐垫，还赐给60部工巧著作、八观察法、五诊断法、六被除法、四部配药

---

[149] 《旧唐书》卷一九六上《吐蕃上》。

法等医药和治疗书籍等。[150]唐太宗的目的自然是为了让文成公主到吐蕃后在物质上和精神上能够过上幸福的生活，客观上却将中原文化在吐蕃地区深度传播。

贞观十九年（645）初，唐太宗亲统六军从洛阳出发，至幽州（治蓟县）誓师征辽，从七月到九月连续攻打安市城（今辽宁海城东南营城子），未克而退兵。但是，依然取得了巨大的成功，史书记载：此次唐太宗御驾亲征，"凡征高丽，拔玄菟、横山、盖牟、磨米、辽东、白岩、卑沙、麦谷、银山、后黄十城，徙辽、盖、岩三州户口中国者七万人"。[151]显然是一次重大的军事行动。

获得唐太宗凯旋西还长安的消息，松赞干布立即派噶尔·东赞宇松上书太宗祝贺："陛下平定四方，日月所照，并臣治之。高丽恃远，弗率于礼，天子自将度辽，隳城陷阵，指日凯旋，虽雁飞于天，无是之速。夫鹅犹雁也，臣谨冶黄金为鹅以献。"贞观二十二年（648），王玄策再度出使南亚，遇到中天竺内乱被劫时，松赞干布又应邀发精兵帮王玄策击败中天竺，俘获其王阿罗那顺以献。

唐高宗于649年即位，册封松赞干布为驸马都尉、西海郡王。松赞干布再派使者献金琲十五种以荐唐太宗昭陵，致书宰相长孙无忌说："天子初即位，下有不忠者，愿勒兵赴国共讨之。"高宗又进封松赞干布为賓王，赏赐大量礼物。松赞干布派人请求唐朝给予蚕种、造酒和碾硙等工匠，唐高宗全部答应。唐高宗永徽元年（650）松赞干布去世，唐朝派遣使者到吐蕃吊唁。[152]

在频繁和密切的政治互动基础上，唐蕃双方经济、文化交流也得以顺利开展，与南亚、中亚和西域地区的文化交流也不断加强。吐蕃的文化就在这种学习和互动中不断丰富发展起来，呈现繁荣兴旺局面。

---

[150] 巴卧·祖拉陈瓦：《贤者喜宴——吐蕃史译注》，黄颢、周润年译注，第61页。

[151] 《资治通鉴》卷一九八。

[152] 《新唐书》卷二一六上《吐蕃上》。

8 松赞干布的历史地位

藏文史书中有关松赞干布的故事非常多，有些是历史或者被淡忘的历史，有些是传说或者不断被改造的传说。但是，无论是哪种情况，都反映出松赞干布特殊的历史重要性。

关于松赞干布的生卒年问题，教法史资料中一般的说法是把松赞干布描述成为长寿的老者。《柱间史——松赞干布的遗训》一书就记载："是时正值阴木牛年（乙丑）孟春十五日，赞普松赞干布享年85岁。"但学术界已比较清楚地证明松赞干布生于617年，卒于650年。

《柱间史——松赞干布的遗训》和其他教法史资料还记载，松赞干布与尼泊尔妃赤尊和唐朝文成公主一同圆寂，三位吐蕃王妃和内外众大臣十分悲伤。"大臣噶尔提议：'赞普陛下与二后妃已去世纳入本尊像，若将此事声扬出去，恐于朝政不利，暂时还是秘而不宣为好，也不要修造赞普与二后妃的陵墓。对外就说时下赞普陛下住在彭波奔巴冈桑布苑的圣光音寺；尼妃赤尊住在藏称寺（gyas-ru-gtsang-bring）；汉妃文成公主住在奔塘寺（vbum-thang）。'过了一个多月后，大臣们宣称陛下与尼汉二妃身体欠安。又过了一段时日，声言病情加重。随后，才把赞普与二后妃去世的消息公告于世，并延请阿雅苯波教徒在雅隆敦喀滩（yar-longs-don-mkhar-thang）修建了赞普的王陵。"松赞干布的王陵有旬见方（方圆一箭射程之地），王陵的四角处各修一座神殿。陵墓中有通道和暗门，里面呈格子状，每个格子中都装满了奇珍异宝。赞普身着绫罗华服的纸筋泥塑像，是用车辇从后门运进去的。赞普的四周围坐着众眷妃和大臣的塑像。王陵中绘有《托通玛》（mtho-mthong-ma）与《噶

吐蕃赞普墓，又名藏王墓。

括玛》（bkav-khol-ma）两部赞普遗训的图文。尼妃赤尊的陵墓建在后藏的一处白石白土的地方（gtsang-du-sa-dkar-rdo-dkar）。汉妃文成公主的陵墓建在秦瓦达孜（phing-ba-stag-rtsi），是用红奶牛的奶水拌红土修筑而成的。这里为大家提供了有关赞普夫妇丧葬的一些信息：此时已形成为稳定政治局势的需要而隐秘赞普去世消息的作法；松赞干布的陵墓是由苯教徒主持修建的；吐蕃赞普的陵墓业已存在固定的形制和特别的制度；吐蕃赞普埋葬方式反映了陪葬和厚葬习俗；指出了文成公主和赤尊公主陵墓的方位和特征。这些对研究吐蕃墓葬制度，提供了重要的参考资料。但是，汉文资料明确记载文成公主是680年十月丙午在吐蕃去世的，[153] 证明教法史看似精彩的描述不足为据。

松赞干布在澎域（即今拉萨市林周）去世，陵墓却按照家族惯例安葬在祖居地琼结河谷的赞普王陵区域。《汉藏史集》记载，松赞干布的陵墓长宽均有一箭之地，墓中建有五座佛殿，内有装饰，

---

[153]《资治通鉴》卷二〇二。

而且吐蕃赞普的墓从此以后采取正方形建筑式样，松赞干布的墓被称作"穆日穆波（smug-ri-smug-po）"。[154]

对松赞干布晚年的情况，史书记载各不相同。《汉藏史集》记载，"松赞干布与蒙妃赤江（mon-bzav-khri-lcam）所生的儿子为贡松贡赞（gung-srong-gung-btsan），他的大臣由莽布支尚囊（mang-po-rje-zhang-snang）、努布·赞多日（snubs-btsan-do-re）担任。贡松贡赞即位执政五年，于十八岁时去世，据说他逝世后由其父再次执掌国政……芒松芒赞（mang-srong-mang-btsan）十三岁时，祖父松赞干布去世，芒松芒赞即位，执掌国政十五年，他的大臣由噶尔·东赞宇松和琛·芒涅（vchims-mang-gnyer）担任。"[155] 按照这种说法，松赞干布似乎在其子年满十三岁时将大权交给儿子贡松贡赞掌管，又在儿子执政五年、不幸夭折时再度掌握政权，并在孙子芒松芒赞十三岁时去世，由其执掌大权。这种说法是否有据尚需探讨，但是由此引发的赞普到底应该在多大年龄即位或者在什么时候退位的问题被提了出来，显而易见，松赞干布、贡松贡赞、芒松芒赞都是在十三岁即位的，是否可以认为吐蕃当时存在一种赞普十三岁即位的制度呢？很耐人寻味。

650年（唐高宗永徽元年），松赞干布去世后，其年幼的孙子芒松芒赞即位，大权由大相噶尔·东赞宇松掌握。噶尔·东赞宇松彰显了杰出的才能，采取了一系列制度措施。前文提到了在内政方面改革税制，制定牛腿税制度，加强对游牧部落的税收管理；派人征收农田赋税，交易大宗农作物，并任命象雄度支官等。他还进行户口清查，建立户籍，为征发户丁服劳役，征集兵马、粮草提供依据。永徽六年（655），噶尔·东赞宇松制定吐蕃第一部成文法。对外，噶尔·东赞宇松加大扩张步伐，在显庆元年（656），率十二万大军攻灭白兰部。显庆四年（659），大举入侵活动在青海湖一带的吐谷

---

[154] 达仓宗巴·班觉桑布：《汉藏史集》，陈庆英译，第102页。

[155] 同上。

浑,并在龙朔三年(663)灭亡吐谷浑。[156]没有多少文化知识的噶尔·东赞宇松确实是一位实干家和军政强人。

乾封二年(667),噶尔·东赞宇松病逝于吐谷浑的日布(ris-pur)。其子赞悉若(Mgar-btsan-sna-ldom-bu)、论钦陵(blon-Khri-vbring)相继担任大相,继续把持吐蕃的政权和兵权,这也引起赞普和其他大臣的强烈不满。武则天圣历元年(698),赞普赤都松赞(Khri-vdus-srong-btsan,《新唐书》作"器弩悉弄")亲征。论钦陵兵败后在宗喀地方(今青海湟水流域)自杀,左右殉死者数百人。噶尔·东赞宇松第三子赞婆(btsan-ba)与论钦陵之子噶尔·莽布支(Mgar-mang-po-rje,即"论弓仁")率部众和一些族人投奔唐朝,唐朝待为上宾,施以殊礼,赐予铁券,赞婆被任命为辅国大将军、代理右卫大将军,封归德郡王。论弓仁则被任命为左羽林大将军,封安国公,食邑二千户,家族改姓"论"氏。[157]联系汉文史书中记载的唐太宗嫁段氏给噶尔·东赞宇松事件,以及藏文史书关于噶东赞在长安求亲活动中的种种作为,冥冥之中似乎显露出噶尔·东赞宇松家族与唐朝之间剪不断、理还乱的复杂联系。

关于松赞干布在佛教事业上的功绩,藏文教法史给读者造成更大的误解。以《柱间史——松赞干布的遗训》为代表的一部分教法史还把松赞干布塑造成观世音的形象,这对后世藏文史书的历史观产生了较大的影响。

把一个戎马倥偬、军事才能卓越的英雄人物重新塑造成一个终生致力于弘扬佛教事业的修行者,这也是教法史作家的"本领"。在这些作家的笔下,松赞干布已经变成了全知全能、大慈大悲的观世音,并在大昭寺的修建中幻化出众多替身,可以以一当百地当工匠、塑匠,甚至试图用释迦牟尼十二本生的故事来建构松赞干布短暂而辉煌的人生。

---

[156]《敦煌本吐蕃历史文书》(增订本),王尧、陈践译注,第145页。

[157]《资治通鉴》卷二〇六;张说《拨川郡王碑》,见《全唐文》卷二二七。

山南琼结藏王陵墓群

  后世许多颇有影响的优秀历史著作,如《汉藏史集》《贤者喜宴》等均无法逃出这一窠臼。《汉藏史集》援引《柱间史——松赞干布的遗训》的说法,详细列述了松赞干布邀请印度、尼泊尔、内地的著名经师翻译不同文献的佛教经典,同时还邀请来自象雄的苯教经师翻译苯教经典,甚至他还"亲自讲说圣观世音菩萨的经典,其本文连同注释和教诫等共计一百零八部,这些全部抄录成书,埋藏在拉萨大昭寺菩提殿中马头明王的脚下及约茹昌珠地方的王室库房之中,并且预言'将来的某个时候,这些经典将被有缘分来完成遗业的男子获得'"。"为了使吐蕃人众相信佛经所说,松赞干布在闹市之中分别化现病人、医生、占卜师、苯教师、能飞上天空的鹿等"教化众生。更神奇的是,他还预测到他的后世子孙的兴佛灭法大事。[158] 这些都

---

[158] 达仓宗巴·班觉桑布:《汉藏史集》,陈庆英译,第100-102页。

是宗教史家按照自己的需要伪造出来的说法。

吐蕃王朝建立后，随着行政区划的扩大，官员队伍增加了，职能分工趋于细化，官员的晋升、奖惩制度日臻细密；面对不同种族、不同制度的新统一区域，要进行统计并增强内部的经济交流，度量衡制度的统一便迫在眉睫；不同地区、不同民族有自己的风俗习惯，如何加以规范、引导，使之纳入制度化管理，并辅之以道德约束，也是松赞干布时期优先解决的问题。正是为了解决摆在新建立王朝面前的这些紧迫问题，促使松赞干布在已有制度基础上，开始了大规模的制度完善和创建工作。《敦煌本吐蕃历史文书》记载："吐蕃典籍律例诏册，论相品级官阶，权势大小，职位高低，为善者予以奖赏，作恶者予以惩治；农田偶耕一天之亩数；牧场一件皮褐所需之皮张数；笼区长度，均作统一划定，乃至升、合、斤等一切度量，举凡吐蕃之一切纯良风俗，贤明政事，均为此赤松赞王时出现也。一切庶民感此王之恩德，乃上尊号曰'松赞干布'。"[159] 应该指出的是，这些制度不全是初创，有些是松赞干布时期才建立起来的，但是也有不少是在这一时期进一步完善的。

松赞干布君臣当政时期，各项事业取得的瞩目成就受到吐蕃史家的高度评价。《敦煌本吐蕃历史文书》记载，他"统辖权势至为巨大之故，一切均已具足，外部政令遍及四境边鄙，内部事务不减光彩。黔首庶民高下尊卑不逾不越，轻徭薄赋，安居乐业。春秋易过，所愿得施。有愿者断离，强横者入狱，惩治骄暴者，抑压令人畏怖者，忠诚者予以表彰，贤明者得以颂扬，英勇善战者得到鼓励，祝愿者予以官职，风俗纯良，政绩崇伟，天下百姓日益安乐。"[160] 通过松赞干布君臣的努力，雅隆吐蕃取得了更大的成就。适应统一王朝的需要，积极吸收周边民族，特别是中原政权的制度文明，为巩固新建立的王朝发挥了积极作用。"在上君主英明要数松赞干布，

---

[159]《敦煌本吐蕃历史文书》（增订本），王尧、陈践译注，第169页。

[160] 同上。

大昭寺中的松赞干布塑像

在下臣相贤能要数噶尔·东赞宇松。君如天上福星高照，臣如大地承受万钧，势大国强之条件，一应俱全。对外疆域向四方扩展，内政坚实雄厚，磅礴不衰；平民黔首贵贱平等，轻徭薄赋，安居乐业，逸度春秋。眷属之享受，施赐如愿。分清歹徒，关押暴民，贬斥亡命，压制恐怖，依靠忠诚，褒奖贤明，崇敬英雄，任用巫祝。仪善政高，众人幸福。"[161] 这里不吝溢美之词，反映了吐蕃王朝晚期史家对松赞干布及其英雄辈出的时代所给予的充分肯定。

关于松赞干布的功绩，学术界评价甚多，根敦群培《白史》记载：松赞干布有三大功绩："一扩大了吐蕃的领土；二创制了前所未有的文字；三开始弘扬释迦牟尼的法宝（佛教）。"[162] 从《敦煌本吐

---

[161] 《敦煌藏文吐蕃史文献译注》，黄布凡、马德译注，第243-244页。

[162] 《根敦群培文集精要》，格桑曲批译，周季文校，北京：中国藏学出版社，1996，第180页。

蕃历史文书》和其他史记记载来看，松赞干布无疑是一位杰出的领袖，他的历史性贡献是多方面的，主要体现在四个大的方面：一是结束了邦国分立的局面，统一了青藏高原；二是建立了一整套较为完整的政治、军事、经济、法律和社会制度；三是在他的主导下创制了藏文字；四是从尼泊尔和中国内地引入了佛教。

从隋炀帝大业十三年（617）诞生到唐高宗永徽元年（650）去世，松赞干布在世34年。如果从13岁（629）即位算起，执政也只有22年，他在青藏高原地区所建立的统一王朝，他在文治武功两方面所留下的卓越业绩，确实令人难以想象，无法企及。噶尔·东赞宇松、吞弥·桑布扎等大臣辅佐有功，才华超群，也说明松赞干布知人善任。他加强赞普权力的魄力，推动改革的勇气，以及学习借鉴兄弟民族和邻邦文化的开阔胸襟，给后人留下丰厚的精神遗产。因此，后世不断传颂并演绎着松赞干布的业绩和故事，甚至把他塑造成一个神通广大、普度众生的观世音，供人们敬仰和顶礼膜拜。松赞干布的观世音化使其在藏传佛教中的形象高大起来，鲜活起来，但却远离了他的本来历史与真实形象，为历史研究者还原其本真平添了许多困难和障碍。